Michael Busch
Christian Köhler

33 Ideen textgenerierende KI im Schulalltag

Wie Sie ChatGPT und andere künstliche Intelligenzen sinnvoll in Unterricht und Schule einsetzen

Wir haben uns für die Schreibweise mit dem Sternchen entschieden, damit sich Frauen, Männer und alle Menschen, die sich anders bezeichnen, gleichermaßen angesprochen fühlen. Aus Gründen der besseren Lesbarkeit für die Schüler*innen verwenden wir in den Kopiervorlagen das generische Maskulinum. Bitte beachten Sie jedoch, dass wir in Fremdtexten anderer Rechtegeber*innen die Schreibweise der Originaltexte belassen mussten.

In diesem Werk sind nach dem MarkenG geschützte Marken und sonstige Kennzeichen für eine bessere Lesbarkeit nicht besonders kenntlich gemacht. Es kann also aus dem Fehlen eines entsprechenden Hinweises nicht geschlossen werden, dass es sich um einen freien Warennamen handelt.

1. Auflage 2024

Autor*innen: Michael Busch, Christian Köhler
Covergestaltung: annette forsch konzeption und design, Berlin
Icons: Unterrichtsplanung/-vorbereitung: © smx12/Shutterstock.com; Unterrichtsdurchführung: © smx12/Shutterstock.com; Bewertung und Feedback: © Iconic Space/Shutterstock.com; Organisation – Kommunikation – Workflow: © Iconic Space/Shutterstock.com; Prompt: © Benvenuto Cellini/Shutterstock.com
Satz: Fotosatz H. Buck, Kumhausen
Druck und Bindung: Druckerei Joh. Walch GmbH & Co. KG
ISBN 978-3-403-**08892**-9

www.auer-verlag.de

Inhaltsverzeichnis

Vorwort

KI im (Schul-)Alltag

Unser Alltag ist geprägt von künstlicher Intelligenz, in vielen Fällen sind wir uns dessen jedoch gar nicht bewusst. KI spielt bereits bei vielen Dingen eine bedeutende Rolle, etwa wenn wir ein Navigationsgerät benutzen, beim Onlineshopping Produktempfehlungen oder von Streaminganbietern Film- und Musikempfehlungen bekommen. Selbst die Unterstützung durch virtuelle Sprachassistenten ist inzwischen zur Normalität geworden. Eine Entwicklung, die sich über die letzten Jahre Schritt für Schritt im Alltag der meisten Menschen fast unmerklich etabliert hat, ist plötzlich präsent und allgegenwärtig.

Durch die Popularisierung von Chatbots wie z. B. ChatGPT hat das Thema nun auch die Schule erreicht. Der Geist der künstlichen Intelligenz ist nicht mehr in der Flasche und steht nun allen – nicht nur uns Lehrkräften, sondern auch unseren Schüler*innen – zur Verfügung. Alle Mitglieder der Schulgemeinschaft haben nun Zugang zu einer Technologie, mit der man in natürlicher Sprache interagieren kann und mit deren Hilfe komplexe Texte zu prinzipiell jedem Thema auf Knopfdruck generiert werden können.[1]

Manche sprechen vom iPhone-Moment, andere von der vierten industriellen Revolution, wieder andere sehen darin den Anfang vom Ende der Menschheit. Wie auch immer man diesen technologischen Entwicklungsschritt beurteilen mag – eines steht fest: Künstliche Intelligenz wird große Auswirkungen auf unsere Gesellschaft im Allgemeinen und auf Schule und Unterricht im Besonderen haben.

Die vorliegende Ideensammlung versteht sich als Praxisratgeber und möchte Ihnen unterschiedlichste Ideen präsentieren, wie Sie ChatGPT und andere textgenerierende künstliche Intelligenzen sinnvoll in Unterricht und Schule einsetzen können.
Die Ideen sind immer gleich aufgebaut: Zunächst wird ein Szenario beschrieben, das im Schul- / Unterrichtsalltag häufig zu finden ist. Dann wird an einem konkreten Beispiel gezeigt, wie textgenerierende KI dabei helfen kann, das entsprechende Szenario zu meistern. Die Ergebnisse, die die KI liefert, werden in Form von Screenshots gezeigt und bewertet. Abschließend finden Sie noch Hinweise zum Einsatz und, wo sinnvoll, Anregungen zur Weiterführung.

Die Ideen sollen Impulse für den eigenen Unterricht und etablierten Workflow geben sowie dazu anregen, kreativ und spielerisch die Potenziale der KI-Technologie zu erkunden.

Mit der stetigen Weiterentwicklung der KI nimmt die Qualität der generierten Ergebnisse zu. Die in dieser Sammlung dargestellten Ergebnisse der KI werden mit der Zeit nicht mehr dem aktuellen Standard entsprechen. Die Ideen, Anregungen und Impulse für Ihren Unterricht behalten aber ihre Relevanz.

[1] Neben KI-Tools, die Texte generieren können, gibt es auch KI-Tools, die z. B. Bilder, Musik oder Videos erstellen können. In diesem Band liegt der Fokus jedoch auf textgenerierenden KI-Tools.

Haftungsausschluss, datenschutzrechtliche und allgemeine Hinweise

Alle genannten Tools und Internetlinks wurden zum Zeitpunkt der Druckfreigabe noch einmal getestet und funktionierten. Es kommt jedoch immer wieder vor, dass einzelne Tools bzw. Links abgeschaltet werden oder zu einer anderen Quelle führen. Auch auf den Inhalt und die Aktualität der Seiten kann kein Einfluss genommen werden, somit kann auch nicht garantiert werden, dass die Inhalte zu einem späteren Zeitpunkt noch dieselben sind wie zum Zeitpunkt der Drucklegung.

Bei webbasierten Angeboten ist zu beachten, dass der jeweilige Anbieter, der je nach Serverstandort ggf. nicht den relativ strengen deutschen Datenschutzrichtlinien unterliegt, in der Regel nutzer*innenbezogene Daten sammelt, analysiert und verwertet. Informieren Sie sich deshalb immer vorab in den Datenschutz- und Nutzungsbedingungen der jeweiligen Anbieter über die Bedingungen und klären Sie ggf. mit der Schule / dem Schulträger, ob eine Nutzung im schulischen Kontext gestattet ist.
Für registrierungspflichtige Dienste kann die Schule ggf. E-Mail-Konten für die Schüler*innen bereitstellen, damit diese nicht ihre privaten Adressen verwenden müssen. Falls ein Tool die Eingabe von Namen verlangt, sollten diese auf jeden Fall pseudonymisiert werden. Dies gilt insbesondere für Namen von Schüler*innen.

Die Ideen wurden nach bestem Wissen und Gewissen der Autor*innen erstellt und vielfach erprobt, letztlich aber kann keine Gewähr übernommen werden. Jede Lehrkraft ist verpflichtet, sich über die geltenden Bestimmungen in ihrem Bundesland und an ihrer Schule selbst zu informieren.

Das Feld der KI entwickelt sich rasant. Zu bestehenden Modellen gesellen sich neue hinzu. Als die Autor*innen am Anfang dieses Buches standen, war ChatGPT das populärste KI-Tool. Mittlerweile ist es an der Spitze nicht mehr ganz so einsam, sodass sich zum Zeitpunkt der Drucklegung z. B. Googles Gemini hinzugesellt hat.

Verändert KI Schule und Unterricht?

Künstliche Intelligenz wird von einigen Expert*innen als Game Changer im Schulsystem gesehen. Zumindest aber hat die Popularisierung von ChatGPT und Co. dazu geführt, dass bestimmte tradierte Vorgehensweisen und Unterrichtsformen – wie beispielsweise ein auf reine Reproduktion von Wissen angelegter Unterricht – noch stärker infrage gestellt werden. Auch das Thema Hausaufgaben wird heiß diskutiert. Wenn Schüler*innen mit geringem Aufwand und Vorwissen Aufsätze von einer KI schreiben lassen können und die Lehrkraft nicht eindeutig erkennen kann, ob es sich bei dem Produkt um einen von den Schüler*innen geschriebenen oder einen maschinengeschriebenen Text handelt, dann stellt sich die Sinnfrage für die Schüler*innen doch sehr stark.

Bisher hatten Schüler*innen aus Haushalten mit Zugang zu Wissen (durch Nachschlagewerke, Internetzugang, Nachhilfeunterricht, Unterstützung durch die Eltern / Erziehungsberechtigten etc.) stets einen Vorteil gegenüber ihren Mitschüler*innen aus bildungsfernen Elternhäusern. Die KI-Technologie könnte dabei helfen, diese Lücke auszugleichen, denn plötzlich können auch Schüler*innen aus bildungsfernen Elternhäusern KI nutzen, um Formulierungen für ihre Aufsätze besser zu lernen, ihre Texte korrigieren zu lassen etc. KI-Tools sind also im besten Fall ein Mittel, um ein Stück mehr Chancengleichheit herzustellen.

Wie gut sind die KI-generierten Texte?

Noch stehen wir ganz am Anfang der Entwicklung. Und man muss sagen: Die von der KI erstellten Texte sind in der Regel sprachlich auf einem guten Niveau, sie klingen auf den ersten Blick plausibel und überzeugend. Aber: Sie können inhaltliche Fehler enthalten. Die Ergebnisse müssen also immer kritisch geprüft werden – mithilfe von anderen Quellen. Dieses Vorgehen ist jedoch nicht erst mit KI aufgekommen, sondern war schon immer empfehlenswert.
Man kann die von der KI generierten Texte also als Entwurf verstehen, mit dem man anschließend weiterarbeiten kann.

Wie erkennt man KI-generierte Texte?

Es gibt verschiedene Tools, die von sich behaupten, von einer KI verfasste Texte erkennen zu können. Auch OpenAI, die Firma hinter ChatGPT, hat ein solches Programm veröffentlicht, den sogenannten Classifier. Allerdings lässt sich – zumindest zum jetzigen Zeitpunkt – feststellen, dass diese Tools KI-generierte Texte nicht zuverlässig erkennen. Aus diesem Grund hat OpenAI den Classifier nach kurzer Zeit wieder eingestellt.

Vorerst bleiben Lehrkräften also im Wesentlichen zwei Möglichkeiten, um zu erkennen, ob es sich um einen von einer KI erstellten Text handelt:

› Unterscheidet sich der Text stark von dem eigentlichen Schreibstil / der eigentlichen Sprache des*der Schülers*Schülerin, ist er formal fehlerfrei und / oder weist er einen floskelhaften Einstieg / ein floskelhaftes Ende auf, kann dies schon ein recht deutliches Indiz dafür sein, dass der Text nicht von dem*der Schüler*in selbst verfasst wurde.

- Kommt man mit dem*der Schüler*in über konkrete Elemente des Textes ins Gespräch, lässt sich in der Regel recht schnell feststellen, ob der Text von dem*der Schüler*in selbst verfasst wurde. Mögliche Fragen sind: „Kannst du mir diesen Aspekt noch genauer erklären?", „Was genau meinst du mit …?", „Was bedeutet der Ausdruck …?", „Kannst du die wichtigsten Aussagen deines Textes noch einmal in wenigen Sätzen zusammenfassen?"

Darüber hinaus sollten die Schüler*innen dafür sensibilisiert werden, dass es sich bei den von der KI erstellten Texten um Hilfsmittel bzw. Quellen handelt, die angegeben werden müssen.
Vielleicht wird es auch zukünftig so sein, dass nicht mehr das finale Produkt, sondern vielmehr der Entstehungsprozess eines Textes im Mittelpunkt steht. Dann müsste natürlich die Erarbeitungsphase entsprechend dokumentiert werden.

Wie verhält es sich mit dem Datenschutz / der Privatsphäre?

In Bezug auf den Datenschutz stellen die KI-Tools in Teilen eine Herausforderung dar. ChatGPT beispielsweise fordert bei der Anmeldung das Hinterlegen einer Mobilfunknummer. Das Mindestalter für die Registrierung liegt bei 18 Jahren. Somit kann bzw. darf sich ein*e minderjährige*r Schüler*in im Grunde gar nicht registrieren.
Eine Alternative stellt der KI-Assistent für Texte von fobizz dar. Hier muss sich nur die Lehrkraft registrieren. Die Schüler*innen erhalten über den von der Lehrkraft zur Verfügung gestellten Link Zugriff auf das KI-Tool.

Darüber hinaus gilt, wie generell bei der Nutzung von webbasierten Angeboten – insbesondere von solchen, die Daten auf Servern außerhalb Deutschlands speichern und verarbeiten –, dass möglichst keine privaten oder personenbezogenen Daten eingegeben werden sollten. Dies sollte auch den Schüler*innen vermittelt werden: KI-Tools können hilfreich sein, um an einem Lerngegenstand zu arbeiten, persönliche Informationen sollten aber niemals preisgegeben werden.

Weitere Informationen zum Thema gibt es u. a. hier:

- https://www.schau-hin.info/news/kuenstliche-intelligenz-chatgpt-chancen-und-risiken-fuer-kinder

- https://www.klicksafe.de/news/chatgpt-in-der-schule-wie-damit-umgehen

Promptgestaltung – gute Anweisungen für bessere Ergebnisse

Schlechte Prompts = schlechte Ergebnisse

Bei den meisten textgenerierenden KI-Tools handelt es sich um Chatbots. Um mit diesen Tools, wie z. B. ChatGPT, zu interagieren, muss man lediglich das, was man anfragen möchte, in das Dialogfeld des KI-Tools schreiben. Innerhalb von Sekunden erhält man eine Antwort. Doch nicht immer sind die generierten Inhalte zufriedenstellend. Haben auch Sie bereits mit einem der textgenerierenden KI-Tools experimentiert? Wie sind Ihre Erfahrungen? Waren Sie von dem Ergebnis überzeugt? Oder waren Sie eher enttäuscht?

Die Wahrheit ist, dass die Qualität der Ergebnisse stark von der Qualität der Anweisungen, der sogenannten Prompts, abhängt. Ist das Ergebnis nicht so wie erwartet, liegt das Problem meist nicht in der KI selbst, sondern in einer nicht klar genug formulierten Anweisung. Sind die Prompts nicht eindeutig formuliert, sollte man keine herausragenden Ergebnisse erwarten dürfen.
Werden zu allgemein gehaltene Prompts, wie z. B. „Schreibe einen Text über …" oder „Schlage mir einige Ideen vor für … ", eingegeben, muss ChatGPT zu viele Entscheidungen selbst treffen, was zu schlechten Ergebnissen führt. Anstatt zu erwarten, dass die KI für Sie denkt, sollten Sie das Denken übernehmen und die KI anleiten, die Aufgaben so auszuführen, wie Sie dies benötigen.

In vier Schritten zu besseren Prompts

1. Machen Sie sich Ihre Bedürfnisse und Anforderungen klar.
Zu wissen, was Sie von der KI erwarten, warum Sie es erwarten und wie Sie die Antwort geliefert haben möchten, wird Ihnen helfen, bessere Prompts zu erstellen.

2. Behandeln Sie die KI wie einen digitalen Praktikanten: Geben Sie detaillierte Erklärungen.
Stellen Sie sich vor, Sie haben eine*n Praktikanten*Praktikantin eingestellt. Er*sie benötigt detaillierte Erklärungen, Beispiele oder auch Checklisten, um die ihm*ihr zugeteilte Aufgabe möglichst gut ausführen zu können. Erklären Sie, welchen Zweck die Aufgabe erfüllen soll und wie die Aufgabe erledigt werden soll.

3. Setzen Sie Einschränkungen.
Geben Sie vor, welche Art von Ausgabe, welches Format, welche Struktur und welchen Umfang Sie wünschen. Ebenso kann eine Liste von Dingen, die vermieden werden sollen, hilfreich sein.

4. Überarbeiten und verbessern Sie die Ergebnisse.
Die KI ist nicht perfekt. Es ist normal, dass sie trotz noch so gut formulierter Prompts Fehler macht oder manchmal nicht den gewünschten Schreibstil oder die gewünschte Tonalität trifft. Nehmen Sie sich also die Zeit, die Ergebnisse zu überprüfen, zu verbessern und an Ihre Bedürfnisse anzupassen.

Promptgestaltung – gute Anweisungen für bessere Ergebnisse

Von Prompts zu Mega-Prompts

Je komplexer und umfangreicher die Aufgabe ist, die von dem KI-Tool erledigt werden soll, desto mehr Zeit sollte in die Erstellung des Prompts fließen. Generell gilt: Ein Prompt sollte so umfangreich wie nötig und so kompakt wie möglich gestaltet werden.

Bei sehr umfangreichen Prompts spricht man von sogenannten Mega-Prompts. Dieser Terminus wurde in der KI-Community geprägt. Wie ein solcher Mega-Prompt optimalerweise aufgebaut sein sollte, um das bestmögliche Ergebnis zu erzielen, wurde ebenfalls in der KI-Community aus Versuch und Irrtum entwickelt.

Möglicher Aufbau eines Mega-Prompts:

1. Persona
Legen Sie fest, aus welcher Rolle oder Perspektive heraus die KI antworten soll.

2. Aufgabe
Formulieren Sie die Aufgabe, die die Persona durchführen soll, klar und präzise.

3. Schritte
Zerlegen Sie die Aufgabe in klar definierte Schritte oder Handlungen. Dieser Punkt ist nicht immer intuitiv, stellt aber sicher, dass die KI ihre Aufgabe vollumfänglich erfüllt. Sie können hier nicht zu kleinschrittig sein.

4. Kontext/Einschränkungen
Nennen Sie weitere Kriterien, die berücksichtigt werden sollen, z. B. den Fachbereich, den Jahrgang oder das Szenario. Erläutern Sie den Sinn der Aufgabe näher.

5. Ziel
Formulieren Sie das übergreifende Ziel, das erreicht werden soll. Das Ziel sollte klar und spezifisch sein.

6. Ausgabeformat
Legen Sie das Format fest, in dem das Ergebnis ausgegeben werden soll (z. B. Tabelle, Stichpunkte, ausformulierter Text), sowie die Länge, die Tonalität und ob es sich um Bildungs-, Fach- oder Umgangssprache handeln soll.

Je nach Anspruch an den Prompt kann auf Punkt 3 und 5 ggf. auch verzichtet werden.

Orthografische Ungenauigkeiten spielen für die Qualität des Ergebnisses kaum eine Rolle. Entscheidend ist, wie genau der Prompt formuliert ist. Je ungenauer die Anweisung, desto allgemeiner ist in der Regel die Antwort.

Tool-Beschreibungen

Die meisten der hier vorgestellten Ideen wurden mithilfe von ChatGPT umgesetzt. Dabei wurde auf die kostenfreie Version (GPT-3.5) zurückgegriffen, um die Hürde gerade für Einsteiger*innen möglichst klein zu halten. Die kostenpflichtige Version hat einen deutlich erweiterten Funktionsumfang. So können beispielsweise Plug-ins aktiviert und somit Apps von Drittanbietern integriert und direkt in ChatGPT genutzt werden.

Fragt man ChatGPT nach der Funktionsweise von großen Sprachmodellen (engl. Large Language Models oder LLMs) wie ChatGPT selbst, bekommt man folgende Antwort:

Generative KI-Modelle wie Large Language Models (LLMs) basieren auf großen Datenmengen und nutzen eine spezielle Architektur namens „Transformer". Der Transformer ermöglicht die effiziente Verarbeitung von Texten, indem er mithilfe von Aufmerksamkeitsmechanismen relevante Verbindungen zwischen Wörtern und Sätzen erkennt. Dabei nutzt der Transformer statistische Wahrscheinlichkeiten und kontextuelle Vorhersagen, um Texte zu generieren, die menschenähnlich sind. Durch die Anwendung des „Silbenwürfel"-Prinzips können LLMs den Textfluss und die Grammatik berücksichtigen.
Das Kürzel „GPT" steht für „Generative Pre-trained Transformer" und beschreibt eine spezielle Architektur, die auf LLMs angewendet wird. Diese Modelle werden mit umfangreichen Textdaten trainiert und erzeugen beeindruckende Ausgaben, die dem Schreibstil von Menschen ähneln.

erstellt mit: ChatGPT-3.5, www.chatgpt.com

Im Folgenden möchten wir einige derzeit gängige textgenerierende KI-Tools, die auch für die hier vorgestellten Ideen genutzt wurden, in einer Art Steckbrief kurz vorstellen. Bitte beachten Sie, dass sich Funktionsweise und Erscheinungsbild von Version zu Version verändern können.

Tool-Beschreibungen

Name des KI-Tools	**ChatGPT**
URL	https://chatgpt.com/auth/login
Smartphone-App	ja (iOS und Android)
Hersteller	OpenAI
Funktionsweise	Das Tool kann menschliche Sprache verstehen, analysieren und generieren. Man schreibt sein Anliegen bzw. seinen Arbeitsauftrag in ein Dialogfeld am unteren Rand des Bildschirms. Daraufhin generiert die KI die Antwort. Im Gegensatz zur klassischen Recherche kann nun ein Dialog mit der KI begonnen werden. Neben dem schriftlichen Austausch steht auch die verbale Kommunikation zur Verfügung. Hierzu muss in der Smartphone-App auf das Kopfhörersymbol gedrückt werden.
Registrierung	erforderlich (Für die Registrierung wird sowohl eine E-Mail-Adresse als auch eine Mobilfunknummer benötigt.)
Kosten	Basisversion: kostenlos Proversion: ca. 20 € pro Monat
Stärken	ChatGPT ist ein schneller und leistungsfähiger digitaler Assistent, der u. a. komplexe Fragestellungen bearbeiten, kreative Texte verfassen sowie datenbasierte Analysen durchführen kann und sich durch Interaktion weiterentwickelt.
Schwächen	Die ausgegebenen Inhalte sind nicht immer korrekt. Fakten müssen kontrolliert werden.
Alternativen	bing.com you.com

Tool-Beschreibungen

Name des KI-Tools	**ChatPDF**
URL	https://www.chatpdf.com
Smartphone-App	–
Hersteller	Mathis Lichtenberger
Funktionsweise	Das Tool bietet die Möglichkeit, direkt mit PDF-Dokumenten zu interagieren und Fragen zu den Inhalten zu stellen. Hierzu muss lediglich die gewünschte PDF-Datei auf der Internetseite hochgeladen werden. Das PDF wird dann auf der linken Seite des Bildschirms angezeigt, auf der rechten Seite kann man mit dem PDF chatten.
Registrierung	nicht erforderlich (Mit Registrierung hat man Zugriff auf alte Suchanfragen.)
Kosten	Basisversion: kostenlos (Es gelten folgende Beschränkungen: max. 120 Seiten pro PDF, max. 2 PDFs pro Tag) Proversion: 20 $ pro Monat (Es gelten folgende Beschränkungen: max. 2 000 Seiten pro PDF, max. 32 MB pro PDF)
Stärken	Die Arbeit mit ChatPDF zeichnet sich durch direkte Bezugnahme auf Dokumenteninhalte aus. Die erhaltenen Antworten sind relevanter und wirken dadurch wie maßgeschneidert. Die Prompts müssen nicht zwingend lang und ausdifferenziert sein, das Tool liefert auch bei kurzen Prompts gute Ergebnisse.
Schwächen	Die PDF-Dokumente müssen einen Text enthalten, der als solcher durch eine optische Zeichenerkennung (ocr) lesbar ist, nur so sind sie für das Tool auslesbar. Sind Teile des Textes nicht auslesbar, kann das Tool die gewünschte Aufgabe nicht erfüllen.
Alternativen	askpdf.xyz askyourpdf.com

Name des KI-Tools	**DeepL Translator**
URL	https://www.deepl.com/de/translator
Smartphone-App	ja (iOS und Android)
Hersteller	DeepL SE
Funktionsweise	Das Tool bietet die Möglichkeit, Texte in andere Sprachen zu übersetzen. Man kann den Text, der übersetzt werden soll, direkt eingeben oder auch ganze Dokumente (PDF-, Word-, PowerPoint-Dateien) hochladen. In dem Textfeld rechts daneben wird dann die Übersetzung angezeigt.
Registrierung	nicht erforderlich
Kosten	Basisversion: kostenlos (Es gelten folgende Beschränkungen: max. 1 500 Zeichen pro Textübersetzung, max. 3 Dokumentenübersetzungen pro Monat mit max. 5 MB) Proversion: ab 7,49 € pro Monat
Stärken	Die Übersetzungen sind sehr präzise. Es handelt sich um einen deutschen Anbieter, der nach eigener Aussage strikt DSGVO-konform arbeitet und Datenschutz und Privatsphäre achtet.
Schwächen	DeepL Translator bietet derzeit (nur) 32 Sprachen an.
Alternativen	translate.google.com

Name des KI-Tools	**DeepL Write**
URL	https://www.deepl.com/de/write
Smartphone-App	ja (iOS)
Hersteller	DeepL SE
Funktionsweise	Das Tool bietet die Möglichkeit, Texte zu verbessern, d. h. es prüft Rechtschreibung, Zeichensetzung und Grammatik und macht Formulierungsvorschläge im gewünschten Stil. Der zu verbessernde Text wird in das linke Textfeld eingegeben, der Verbesserungsvorschlag wird im rechten Textfeld angezeigt.
Registrierung	nicht erforderlich
Kosten	Basisversion: kostenlos Proversion: ab 10 € pro Monat
Stärken	Es handelt sich um einen deutschen Anbieter, der nach eigener Aussage strikt DSGVO-konform arbeitet und Datenschutz und Privatsphäre achtet.
Schwächen	Bei Paraphrasierung müssen die Ergebnisse hinsichtlich der Beibehaltung der Kernaussage überprüft werden.
Alternativen	mentor.duden.de

Name des KI-Tools	**fobizz Klassenräume** (Schüler*innenzugänge zur **fobizz KI-Assistenz**)
URL	https://tools.fobizz.com
Smartphone-App	–
Hersteller	101 skills GmbH
Funktionsweise	Die fobizz KI-Assistenz für Texte funktioniert im Wesentlichen wie ChatGPT bzw. bietet dieselben Funktionen wie ChatGPT. Zunächst muss man einen sogenannten Klassenraum anlegen. Hier gibt man z. B. den Arbeitsauftrag ein und wählt den KI-Assistenten aus, auf den die Schüler*innen Zugriff bekommen sollen (z. B. Text-KI, Bild-KI). Nun kann man den Klassenraum via Link und / oder QR-Code mit den Lernenden teilen.
Registrierung	nur für die Lehrkraft erforderlich (für die Schüler*innen nicht)
Kosten	Basisversion: kostenlos Proversion: 9,92 € pro Monat bestehende Landeslizenzen für die Proversion: Mecklenburg-Vorpommern Rheinland-Pfalz Sachsen Proversion für Lehramtsstudierende und Referendar*innen kostenlos
Stärken	Es handelt sich um einen deutschen Anbieter, der nach eigener Aussage sicher und DSGVO-konform arbeitet und Schüler*innenzugänge zur KI-Assistenz für Texte, Bilder, Personen und Sprache bietet (keine Registrierung für Schüler*innen notwendig). Die von den Schüler*innen erstellten Inhalte werden automatisch nach der voreingestellten Nutzungsdauer gelöscht.
Schwächen	Die ausgegebenen Inhalte sind nicht immer korrekt. Fakten müssen kontrolliert werden.
Alternativen	dieschulapp.de/chatgpt-fuer-ihre-schule/

Name des KI-Tools	**Perplexity**
URL	https://www.perplexity.ai
Smartphone-App	ja (iOS und Android)
Hersteller	Perplexity AI, Inc.
Funktionsweise	Perplexity funktioniert im Wesentlichen wie ChatGPT bzw. bietet dieselben Funktionen wie ChatGPT. Man schreibt sein Anliegen bzw. seinen Arbeitsauftrag in ein Dialogfeld auf der Startseite. Daraufhin generiert die KI eine Antwort. Im Gegensatz zu ChatGPT nennt die KI auch eine Auswahl an Quellen.
Registrierung	nicht erforderlich (Mit Registrierung hat man Zugriff auf alte Suchanfragen.)
Kosten	Basisversion: kostenlos Proversion: 20 $ pro Monat
Stärken	Perplexity ermöglicht eine Recherche, die über die Möglichkeiten einer klassischen Suchmaschine hinausgeht. Komplexe Fragestellungen werden mithilfe des Internets beantwortet. Quellen werden angegeben.
Schwächen	Die Nutzung gestaltet sich weniger dialogisch und die Antworten sind weniger originell als bei ChatGPT.
Alternativen	bing.com you.com

Name des KI-Tools	**Peer** (Paper Evaluation and Empowerment Resource)
URL	https://peer-ai-tutor.streamlit.app
Smartphone-App	–
Hersteller	Lehrstuhl für Human-Centered Technologies for Learning an der Technischen Universität München
Funktionsweise	Das Tool unterstützt Schüler*innen beim Verfassen von Texten bzw. von Aufsätzen aller Art. Die Schüler*innen geben ihren Aufsatz in das Tool ein, die Texte werden von der KI untersucht und es wird ein möglichst konstruktives Feedback gegeben.
Registrierung	nicht erforderlich
Kosten	kostenlos
Stärken	Es kann nach Aufsatztyp, Schulart, Jahrgang und Bundesland gefiltert werden. Schüler*innen bekommen keine fertigen Lösungen präsentiert, sondern müssen das erhaltene Feedback eigenständig umsetzen.
Schwächen	Die Aufsatztypen/Textsorten sind beschränkt.
Alternativen	chatgpt.com tools.fobizz.com

Handouts erstellen

Szenario

Um den Schüler*innen einen guten Überblick über ein Themengebiet zu verschaffen, bietet sich in vielen Fällen ein Handout an – also ein „Informations- oder Merkblatt", das Informationen in kompakter Form darstellt. Dies hilft Schüler*innen, den Unterrichtsinhalt zu verfolgen, zu verstehen und/oder zu vertiefen. Das Handout kann z. B. einen Lehrer*innenvortrag unterstützen oder den Schüler*innen am Ende einer Unterrichtseinheit zur Verfügung gestellt werden, damit sie alle wichtigen Informationen gebündelt zur Hand haben. Die Schüler*innen können Handouts z. B. begleitend zu einem Referat erstellen. Indem sie die Kernaussagen auf einem Handout festhalten, können sie ihre Präsentation unterstützen und ihren Mitschüler*innen eine hilfreiche Zusammenfassung bieten.

So sinnvoll die Erstellung eines Handouts auch ist, so (zeit-)aufwendig ist es, insbesondere wenn das Handout von Grund auf neu erstellt werden muss. KI-Tools wie z. B. ChatGPT können hier unterstützen.

Beispiel

Eine 7. Klasse beschäftigt sich im Rahmen einer Projektwoche mit dem Thema „Kinderrechte in Deutschland". Die Lehrkraft möchte den Schüler*innen am Ende der Projektwoche ein Handout austeilen, auf dem alle relevanten Informationen zu dem Thema in übersichtlicher Form dargestellt sind.

Sie gibt folgenden Prompt bei ChatGPT ein:

Erstelle ein Handout zu dem Thema „Kinderrechte in Deutschland".

Das Handout wird Schüler*innen einer 7. Klasse ausgeteilt. Es soll ihnen einen Überblick über das Thema geben.

Das Handout gibt prägnante Informationen zu folgenden Aspekten: Definition, Geschichte der Kinderrechte in Deutschland, Beispiele, weiterführende Quellen.

Gib die einzelnen Teilaspekte stichpunktartig aus.

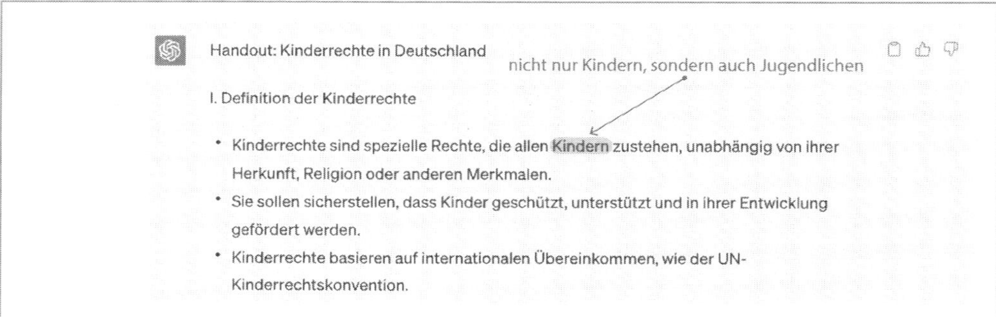

Handout: Kinderrechte in Deutschland

I. Definition der Kinderrechte

- Kinderrechte sind spezielle Rechte, die allen Kindern zustehen, unabhängig von ihrer Herkunft, Religion oder anderen Merkmalen.
- Sie sollen sicherstellen, dass Kinder geschützt, unterstützt und in ihrer Entwicklung gefördert werden.
- Kinderrechte basieren auf internationalen Übereinkommen, wie der UN-Kinderrechtskonvention.

Begriff für die 7. Klasse zu schwer, Erklärung fehlt

Geschichte wird nicht ausreichend aufgegriffen

II. Geschichte der Kinderrechte in Deutschland

- Deutschland hat die UN-Kinderrechtskonvention im Jahr 1992 ratifiziert.
- Die Konvention setzt Standards für den Schutz und das Wohlergehen von Kindern.
- Seitdem wurden Gesetze und Maßnahmen erlassen, um die Rechte von Kindern in Deutschland zu stärken.

gut gewählte Beispiele

III. Beispiele für Kinderrechte in Deutschland

Beispiele und die vier Grundprinzipien sind vermischt

Beispiele werden nicht nur genannt, sondern auch kurz erklärt

1. Recht auf Gleichbehandlung und Schutz vor Diskriminierung

- Kinder haben das Recht auf gleiche Chancen und Schutz vor Benachteiligung aufgrund ihrer Herkunft, ihres Geschlechts, ihrer Religion usw.

2. Recht auf Schutz vor Gewalt und Misshandlung

- Kinder haben das Recht, vor körperlicher, seelischer und sexueller Gewalt geschützt zu werden.
- Es gibt Gesetze, die Kinder vor Vernachlässigung, Misshandlung und Ausbeutung schützen.

3. Recht auf Bildung und Freizeit

zwei Bereiche zusammengefasst

- Kinder haben das Recht auf eine qualitativ hochwertige Bildung und Zugang zu Freizeitaktivitäten.
- Es gibt Schulgesetze und Programme, die sicherstellen sollen, dass Kinder eine angemessene Ausbildung erhalten.

4. Recht auf Beteiligung und Meinungsäußerung

- Kinder haben das Recht, an Entscheidungen beteiligt zu werden, die sie betreffen, und ihre Meinung frei zu äußern.
- Es gibt Jugendparlamente und andere Initiativen, die die Partizipation von Kindern fördern.

IV. Weiterführende Quellen

keine Links angegeben

- UN-Kinderrechtskonvention: Informationen zur internationalen Übereinkunft über die Rechte des Kindes.
- Deutsches Kinderhilfswerk: Eine Organisation, die sich für die Rechte von Kindern in Deutschland einsetzt.
- Bundesministerium für Familie, Senioren, Frauen und Jugend: Informationen zu Kinderrechten und Maßnahmen in Deutschland.

nicht geforderter Hinweis, der für ein fachbezogenes Handout sinnvoll wäre, nicht aber für ein schulisches Handout

Hinweis: Dieses Handout bietet einen Überblick über das Thema "Kinderrechte in Deutschland" und erhebt keinen Anspruch auf Vollständigkeit. Für detailliertere Informationen und weiterführende Forschung wird empfohlen, die genannten Quellen zu konsultieren.

Screenshot von: chatgpt.com

Bewertung des Ergebnisses

Der Vorschlag von ChatGPT beinhaltet die geforderten Informationen, allerdings nur in groben Zügen. Die Darstellung ist übersichtlich und man erhält einen Überblick über das Thema, jedoch werden einzelne relevante Aspekte nur ungenügend beleuchtet, z. B. die geschichtlichen Hintergründe oder die vier Grundprinzipien, die von ChatGPT mit den Beispielen vermischt und nicht explizit erwähnt werden.
Kritisch anzumerken ist außerdem, dass die Beispiele für Kinderrechte teilweise zusammengefasst werden. So sind z. B. das Recht auf Bildung und das Recht auf Freizeit eigentlich zwei separate Rechte, die in keinem direkten Zusammenhang stehen, aber hier zusammengefasst werden.
Die weiterführenden Quellen sind sinnvoll gewählt, allerdings fehlt die Verlinkung zu den entsprechenden Seiten. Nach Rückfrage nennt ChatGPT die Webseiten, für zwei der drei Quellen jedoch nur die Startseite. Auf erneute Nachfrage nennt ChatGPT schließlich Links, die direkt zu dem jeweiligen Thema führen, zwei der drei Seiten scheinen aber nicht mehr zu existieren. Lediglich für eine Quelle wird ein korrekter Link angegeben.
Trotz der kleinen Mängel erzielt die Lehrkraft mithilfe von ChatGPT eine Zeitersparnis beim Erstellen des Handouts, da sie eine sehr brauchbare Grundstruktur erhält und bereits einige wichtige Themenaspekte enthalten sind.

Möglicher Einsatz

Der Vorschlag von ChatGPT wird in ein Textverarbeitungsprogramm eingefügt. Hier können einzelne Aspekte verändert, ergänzt oder gelöscht werden – je nach Schwerpunktsetzung, die in der Projektwoche vorgenommen wurde. Auch das Layout kann hier noch entsprechend angepasst werden.
Das fertige Handout wird der Klasse dann entweder als Ausdruck oder digital über eine Lernplattform zur Verfügung gestellt und mit den Schüler*innen gemeinsam besprochen.

Mögliche Weiterführung

Die Schüler*innen könnten im Laufe der Projektwoche einzelne Beispiele für Kinderrechte bearbeiten (das KinderRechteForum benennt zehn Beispiele) und zu den jeweiligen Beispielen bereits eigene Handouts erstellen, die detaillierter und differenzierter sind als das Übersichtshandout für die gesamte Projektwoche.

Infotexte erstellen

Szenario

Infotexte werden im Grunde in allen Fächern – mal mehr, mal weniger – eingesetzt. Sie können z. B. beim Einstieg in ein Thema unterstützen, die Erarbeitung begleiten oder auch zur Vertiefung genutzt werden.
Infotexte, die das jeweilige Thema adressat*innengerecht und prägnant darstellen, findet man zwar auch in Schulbüchern, bisweilen aber sind die Texte für die Schüler*innen nicht leicht zu verstehen oder es fehlen einzelne inhaltliche Aspekte, auf die man im Unterricht einen Schwerpunkt setzen möchte. Auch wenn man eine Unterrichtseinheit unabhängig vom Schulbuch plant, steht oft kein passender Infotext zur Verfügung.
Die Suche nach einem geeigneten Infotext oder die manuelle Erstellung eines passenden Textes erweist sich nicht selten als zeitaufwendig. KI-Tools wie z. B. ChatGPT können hier nützliche Helfer sein.

Beispiel

Die Lehrkraft möchte mit ihrer 7. Klasse das Thema „Künstliche Intelligenz" beleuchten, da die Schüler*innen hierzu in der letzten Zeit einige Fragen hatten und das Thema sie zu beschäftigen scheint. Die Lehrkraft möchte mit einem kurzen Infotext in das Thema einsteigen.
Sie gibt folgenden Prompt bei ChatGPT ein:

Erstelle einen Infotext zum Thema „Künstliche Intelligenz".

Der Infotext soll Schüler*innen einer 7. Klasse einen Einstieg in das Thema ermöglichen.

Der erste Absatz erklärt, was man unter künstlicher Intelligenz versteht. Der zweite Absatz beschreibt die Funktionsweise dieser Technologie. Der dritte Absatz nennt verschiedene Anwendungsgebiete mit konkreten Beispielen. Der vierte Absatz geht auf die Risiken ein.

Der Text ist schüler*innengerecht formuliert. Fachbegriffe werden unter dem Text mit kurzen Beschreibungen aufgelistet.

unpassende Formulierung

Künstliche Intelligenz (KI) ist ein spannendes Thema, das sich mit Computern beschäftigt, die in der Lage sind, wie Menschen zu denken und zu handeln. KI-Systeme können lernen, Entscheidungen zu treffen, Probleme zu lösen und Muster zu erkennen, ähnlich wie unser Gehirn. KI ist also eine Art von Computerintelligenz, die uns in vielen Bereichen des täglichen Lebens begegnet.

Die Funktionsweise von KI basiert auf Algorithmen und Daten. Algorithmen sind wie Anleitungen für Computer, die ihnen sagen, was sie tun sollen. Mit Hilfe von Daten können KI-Systeme aus Erfahrungen lernen und sich verbessern. Je mehr Daten ein KI-System hat, desto besser kann es Entscheidungen treffen und Muster erkennen.

gute Einleitungssätze für den jeweiligen Abschnitt

Es gibt viele Anwendungsgebiete für KI. Zum Beispiel wird KI in der Medizin eingesetzt, um Krankheiten frühzeitig zu erkennen und Behandlungsoptionen vorzuschlagen. Ein weiteres Beispiel ist die autonome Fahrzeugtechnologie, bei der KI verwendet wird, um Autos ohne menschlichen Fahrer zu steuern. Auch in der Sprach- und Bilderkennung, bei virtuellen Assistenten wie Siri oder Alexa und in der Spieleentwicklung kommt KI zum Einsatz.

unpassender Begriff

Allerdings gibt es auch Risiken im Zusammenhang mit KI. Eine Sorge ist, dass KI-Systeme unbeabsichtigte Fehler machen können, die zu falschen Ergebnissen führen. Ein weiteres Risiko ist der Datenschutz, da KI-Systeme große Mengen an Daten benötigen, um zu lernen, und diese Daten könnten persönliche Informationen enthalten. Es ist auch wichtig zu beachten, dass KI-Systeme nicht immer menschenähnlich sind und menschenähnliche Entscheidungen treffen können, was ethische Fragen aufwirft.

unpassende Formulierung

Fremdwörter:

unpassende Bezeichnung, besser wäre „Fachbegriffe"

- Künstliche Intelligenz (KI) - bezieht sich auf Computer, die wie Menschen denken und handeln können.
- Algorithmen - Anleitungen für Computer, die ihnen sagen, was sie tun sollen.
- Autonome Fahrzeugtechnologie - Technologie, bei der KI verwendet wird, um Autos ohne menschlichen Fahrer zu steuern.
- Sprach- und Bilderkennung - Fähigkeit von KI-Systemen, menschliche Sprache oder Bilder zu erkennen und zu verstehen.
- Datenschutz - Schutz persönlicher Informationen in Bezug auf KI-Systeme.

unzutreffende Beschreibung

Screenshot von: chatgpt.com

Bewertung des Ergebnisses

Der generierte Infotext ist klar strukturiert, die inhaltlichen Vorgaben der einzelnen Absätze werden eingehalten, wesentliche Aspekte werden genannt. Der Text ist in einer Sprache verfasst, die für Schüler*innen einer 7. Klasse gut zu verstehen ist. Auch der Textumfang ist angemessen.
Auffällig ist jedoch, dass mehrere Formulierungen unpassend oder ungenau sind. So könnte man bemängeln, dass im ersten Satz KI als „Thema" bezeichnet wird. Passender wäre vermutlich ein Begriff wie „Teilgebiet der Informatik" oder „Forschungsfeld". Weiterhin ist die Formulierung „ein weiteres Risiko ist der Datenschutz" eher ungünstig gewählt, da

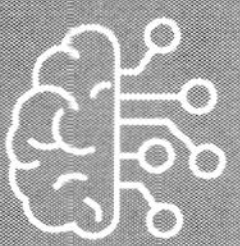

nicht der Datenschutz das Risiko ist, sondern KI ein Risiko für den Datenschutz darstellt. Auch der letzte Satz ist in seiner Aussage nicht präzise. Es bleibt unklar, was genau mit „menschenähnlich" gemeint ist. Der Hinweis, dass „KI-Systeme nicht immer menschenähnlich sind", wirft semantische Fragen auf.
Die Fachbegriffe wurden passend gewählt, jedoch ist die Beschreibung von „Datenschutz" nicht ganz richtig, da es sich dabei nicht um ein KI-spezifisches Thema handelt. Zudem wäre die Formulierung „Fachbegriffe" als Überschrift passender. Alles in allem liefert ChatGPT in kurzer Zeit einen informativen Einstiegstext, den die Lehrkraft schnell und einfach bearbeiten und anschließend im Unterricht einsetzen kann.

Möglicher Einsatz

Der Text kann als informativer Einstieg in das Thema „KI" genutzt werden – sei es im Deutsch- oder Informatikunterricht oder im Rahmen einer Projektwoche zum Thema „Digitale Medien".
Bevor der Text gelesen wird, können erste Assoziationen der Schüler*innen zu KI in einer Mindmap gesammelt werden. Um den Text vorzuentlasten, können die Fachbegriffe auch vorab gemeinsam besprochen und anhand von Beispielen erklärt werden. Im Anschluss lesen die Schüler*innen den Text in Einzelarbeit und fassen die einzelnen Abschnitte kurz zusammen. Im anschließenden Unterrichtsgespräch wird der Text besprochen und die Erkenntnisse mit den zuvor gesammelten Ideen abgeglichen. Dabei kann die Mindmap aktualisiert und modifiziert werden.

Mögliche Weiterführung

Die Schüler*innen könnten im Anschluss in Kleingruppen weitere Anwendungsgebiete und Beispiele von KI sowie mögliche Risiken recherchieren und den Text um ihre Rechercheergebnisse ergänzen.

Texte vereinfachen

Szenario

Eine Herausforderung, vor der Lehrkräfte täglich stehen, ist die Heterogenität der Lerngruppen. Neben unterschiedlichen Lernvoraussetzungen spielen auch sprachliche Hürden bei Kindern und Jugendlichen, die noch nicht lange die deutsche Sprache lernen, eine Rolle.
Eine Möglichkeit, diesen Herausforderungen zu begegnen, besteht darin, die Materialien für den Unterricht zu differenzieren. So können beispielsweise Texte zum behandelten Unterrichtsgegenstand in unterschiedlicher Länge und in unterschiedlichen Sprachniveaus bereitgestellt werden.
Doch so gut die Idee der Differenzierung ist, so aufwendig ist es auch, die Texte in unterschiedliche Sprachniveaus zu „übersetzen". Lehrkräften fehlt hierzu meist schlichtweg die Zeit. Mithilfe von KI-Chatbots wie z. B. ChatGPT jedoch lassen sich Texte in wenigen Minuten in einfache Sprache umwandeln.

Beispiel

Die Lehrkraft behandelt mit ihrer 10. Klasse im Fach Politik das Thema „Gesetzgebungsverfahren in der Bundesrepublik Deutschland". Hierfür möchte sie einen Text des Bundesministeriums des Innern und für Heimat einsetzen. Da in der Klasse auch einige Jugendliche sind, die Deutsch als Zweitsprache lernen, soll der Text entsprechend gekürzt und in einfache Sprache übersetzt werden.
Sie gibt folgenden Prompt bei ChatGPT ein:

Verfasse den folgenden Text in einfacher Sprache.

Der Text ist für Schüler*innen einer 10. Klasse im Fach Politik, die Deutsch als Zweitsprache lernen.

Schreibe kurze Sätze, erkläre Fachbegriffe und nutze insgesamt eine leicht verständliche Sprache.

Gib den Text als gekürzte Version aus, die jedoch alle wesentlichen Aspekte beinhaltet.

[Text einfügen]

Link zum Originaltext: *https://www.bmi.bund.de/DE/themen/verfassung/gesetzgebung/gesetzgebungsverfahren/gesetzgebungsverfahren-node.html*

Texte vereinfachen

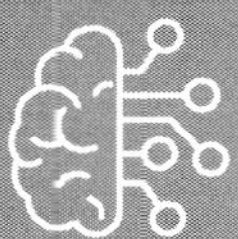

Kompositum noch zu kompliziert — ungenaue Formulierung

Die Bundesregierung macht die meisten Gesetzesvorschläge und gibt diese dem Bundesrat zur Stellungnahme. Dann werden die Vorschläge im Bundestag diskutiert und in drei Lesungen behandelt. Der Bundestag ist für die Gesetzgebung zuständig, aber der Bundesrat kann Einfluss auf die Bundesgesetzgebung nehmen.

Es gibt Zustimmungsgesetze und Einspruchsgesetze. Beim Zustimmungsgesetz kann der Bundesrat das Gesetz verhindern, indem er seine Zustimmung verweigert. Beim Einspruchsgesetz kann er das Gesetz nur verhindern, wenn der Bundestag nicht die erforderliche Mehrheit hat. Wenn der Bundesrat das Gesetz verhindert, gibt es ein Vermittlungsverfahren, um einen Kompromiss zu finden.

Die Gesetzgebungskompetenz beschreibt das Recht, Gesetze zu erlassen. Der Bund darf nur Gesetze erlassen, wenn das Grundgesetz es ausdrücklich erlaubt oder wenn es sich aus der Verfassung ergibt. Wenn das Bundesgesetz beschlossen ist, muss es vom Bundespräsidenten unterschrieben werden, bevor es im Bundesgesetzblatt veröffentlicht wird.

Randanmerkungen: aus Originaltext übernommen, könnte vereinfacht werden · Kompositum noch zu kompliziert · Zwischenüberschrift möglich · Zwischenüberschrift möglich · Kompositum noch zu kompliziert · sinnvolle, vereinfachte Formulierung · Kompositum noch zu kompliziert

Screenshot von: chatgpt.com

Bewertung des Ergebnisses

Der von ChatGPT generierte Text ist sprachlich vereinfacht und somit auch für Lernende der deutschen Sprache einfacher zu rezipieren als der Originaltext. So wird z. B. die Formulierung „In der Staatspraxis werden die meisten Gesetzentwürfe von der Bundesregierung eingebracht […]" umgewandelt in „Die Bundesregierung macht die meisten Gesetzesvorschläge […]". Der Satz ist kürzer und vermeidet die Passivkonstruktion. Anzumerken ist allerdings, dass der Begriff „Gesetzesvorschläge" an dieser Stelle ungenau ist. Besser wäre es, in dem Text den Begriff „Gesetzesentwürfe" zu benutzen, der dann wiederum mit dem Wort „Gesetzesvorschläge" beschrieben werden kann. Ansonsten ist die (äußerst kompakte) Darstellung des Gesetzgebungsverfahrens inhaltlich korrekt.
Je nach sprachlichem Leistungsstand der Schüler*innen kann der vereinfachte Text aber auch noch weiter simplifiziert werden, da z. B. in dem Text noch vorhandene Komposita wie „Bundesgesetzgebung" oder „Gesetzgebungskompetenz" zu Problemen beim Leseverstehen führen können.

Möglicher Einsatz

Die Lehrkraft stellt sowohl den Originaltext als auch die vereinfachte Version zur Verfügung und legt fest, welche Schüler*innen welchen Text erhalten. Die Schüler*innen lesen zunächst den zugeteilten Text, um ein erstes Orientierungswissen zum Gesetzgebungsverfahren zu erhalten. Nach dem Lesen des Textes können Verständnisfragen im Plenum geklärt und ggf. Rechercheaufträge zu einzelnen Begriffen (z. B. „Bundestag" oder „Bundesrat") vergeben werden. Im Anschluss visualisieren die Schüler*innen jeweils in gemischten Kleingruppen den Gesetzgebungsprozess in Form einer Concept Map oder Infografik.

Texte zusammenfassen

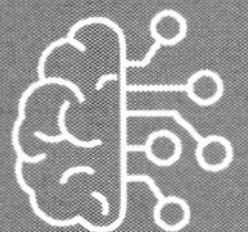

Szenario

In der heutigen Zeit, in der Wissen und Informationen so leicht zugänglich sind, sollten Lehrkräfte möglichst flexibel sein und verschiedene Ressourcen nutzen, um ihren Unterricht möglichst interessant, lebensnah und aktuell zu gestalten. So lassen sich auch Texte außerhalb des Schulbuches leicht in den Unterricht integrieren. Transkripte von Reden oder Artikel der Tageszeitungen bieten Einblicke in aktuelle Ereignisse und relevante Themen, die in Schulbüchern möglicherweise nicht ausreichend abgedeckt sind. Texte aus Online-Publikationen und Fachzeitschriften gehen häufig über den Inhalt in Schulbüchern hinaus und eröffnen so neue Perspektiven.
Was bei all den positiven Aspekten nicht verschwiegen werden darf, ist die Tatsache, dass die Auswahl geeigneter Texte einiges an Zeit und Mühe kostet. Durch den Einsatz von KI-Tools wie z. B. ChatGPT lässt sich der Mehraufwand jedoch deutlich reduzieren. Die Tools können dabei unterstützen, die relevantesten Informationen zu extrahieren. Um sich möglichst schnell einen Überblick über den Inhalt zu verschaffen, bieten sich von KI-Tool erstellte Zusammenfassungen an. Ausgehend von der Zusammenfassung lässt sich meist schnell entscheiden, ob sich der entsprechende Text für den Einsatz im Unterricht eignet. Darüber hinaus können stichpunktartige Zusammenfassungen auch bei der Planung und didaktischen Gestaltung des Unterrichts hilfreich sein. Sie dienen als Leitfaden und ermöglichen der Lehrkraft, den Fokus auf die wichtigsten Aspekte eines Textes zu legen und diesen optimal in den Unterricht einzubinden.

Beispiel

Die Lehrkraft plant in ihrem Oberstufenkurs eine fächerübergreifende Unterrichtseinheit zu dem Thema „Globalisierung". Das Thema soll ausgehend von den Fächern Geschichte, Geografie, Politik und Wirtschaft beleuchtet werden. Bei ihrer Recherche im Internet ist sie auf entsprechende Arbeitsmaterialien gestoßen.
Sie gibt folgenden Prompt bei ChatGPT ein:

Fasse den folgenden Text inhaltlich zusammen.

Es handelt sich um einen Text aus den Fächern Geschichte, Geografie, Politik und Wirtschaft in einem Oberstufenkurs.

Gib die Inhalte stichpunktartig wieder. Orientiere dich bei der Reihenfolge an der Vorlage.

[Text einfügen]

Link zum Originaltext: *https://www2.klett.de/sixcms/media.php/229/29260X-0103.pdf*

Texte zusammenfassen

- Die Globalisierung ist kein neues Phänomen, sondern hat eine mindestens fünfhundertjährige Entwicklungstradition. ← Formulierung aus dem Originaltext übernommen
- Die Globalisierung begann mit dem Zeitalter der Entdeckungen und führte zu einer immer stärkeren Vernetzung der Welt.
- Durch die Dominanz der Kolonialmächte wurden enge wirtschaftliche Verflechtungen zwischen den Mutterländern und ihren Kolonien geschaffen.
- Der Aufbau weltwirtschaftlicher Verflechtungen erreichte um die Mitte des 18. Jahrhunderts eine neue Dichte unter dem Einfluss der Industriellen Revolution.
- Die Weltwirtschaft entstand unter den Bedingungen des sich durchsetzenden Freihandels und der Export europäischer Institutionen und Denkweisen.
- Ab den 1860er und 1870er-Jahren entstanden globale Interdependenzen, die eine Politisierung der Globalisierung einleiteten. ← Zeichensetzungsfehler
- Nach 1880 wurde die Weltwirtschaft als Weltpolitik betrachtet und es entstanden Konflikte zwischen den Weltmächten, die zu einer De-Globalisierung führten.
- Nach dem Zweiten Weltkrieg entstand eine neue Art von Globalisierung mit dem Fokus auf den Aufbau einer besseren Weltordnung und der Bewältigung von Umweltproblemen.
- Die Globalisierung führte zu einer zunehmenden Vernetzung der Welt durch den Ausbau von Transportsystemen, moderne Verkehrs- und Kommunikationsnetze sowie die Senkung der Transportkosten.
- Es gibt verschiedene Akteure und Handlungsfelder in der globalen Governance, darunter Nationenstaaten, regionale Kooperationen, internationale Organisationen und NGOs.
- Transnationale Unternehmen haben eine neue Macht erlangt, indem sie Arbeitsplätze exportieren, arbeitsteilig produzieren, Steuer- und Infrastrukturoptionen ausnutzen und global agieren können. } Zusammenfassung für einen ganzen Abschnitt
- Die Globalisierung erfordert neue Formen der Politikgestaltung und Ordnungsstrukturen, die unter dem Begriff "Global Governance" zusammengefasst werden.
- Inhalt nicht ausreichend abgedeckt { Das traditionelle Modell nationalstaatlicher Wirtschaftspolitik gerät durch die Globalisierung unter Druck und kann nicht mehr ausreichend Legitimität und Effektivität bieten.

Screenshot von: chatgpt.com

Bewertung des Ergebnisses

Die Zusammenfassung von ChatGPT ist umfassend, die gebündelten Inhalte verschaffen der Lehrkraft einen guten Überblick über die in dem Arbeitsmaterial behandelten Inhalte. Jedoch ist die Zusammenfassung nicht vollständig, die Inhalte zum komparativen Kostenvorteil fehlen. Für das Beispiel wurde allerdings auch die aktuell kostenfreie Version 3.5 von ChatGPT verwendet, der eine Zeichenzahlbegrenzung zugrunde liegt, d. h. es lassen sich keine besonders langen Texte einfügen und zusammenfassen.

Die Ausgabe erfolgt in ganzen Sätzen; im Prompt werden jedoch Stichpunkte gefordert. Hier könnte ggf. nachgesteuert werden, um eine weitere Reduktion der Zeichenzahl zu erreichen.

Tipp: Für Zusammenfassungen von Textdateien bieten sich spezialisierte KI-Tools an, die direkt auf die PDF-Datei zugreifen, z. B. chatpdf.com oder askyourpdf.com. Neuere Versionen von ChatGPT bieten den Nutzer*innen diese Funktion auch.

Im Allgemeinen liefert ChatGPT eine geeignete Grundlage, mithilfe der die Lehrkraft eine zufriedenstellende Zusammenfassung erstellen kann.

Möglicher Einsatz

Die Zusammenfassung macht die übergeordneten / verbindenden Inhalte sichtbar. Die Stichpunkte können verwendet werden, um die Lernziele der fächerübergreifenden Unterrichtseinheit zu planen und ein Tafelbild zu entwickeln. Das Tafelbild könnte gleich als Zeitstrahl aufgebaut sein, der die Entwicklungstradition der Globalisierung über die letzten 500 Jahre visualisiert. Auch hier kann ChatGPT helfen:

Du hast den Text stichpunktartig zusammengefasst. Die Inhalte weisen auf eine chronologische Reihenfolge hin.

Kannst du zu den Stichpunkten jeweils eine grobe zeitliche Einordnung ergänzen?

Im Unterricht bearbeiten die Schüler*innen schließlich die unterschiedlichen Arbeitsmaterialien (siehe Link zum Originaltext) in Gruppenarbeit – auch die Arbeitsaufträge lassen sich aus den Stichpunkten konzipieren. Die Ergebnisse werden in dem Tafelbild zusammengefasst.

Texte in andere Textformen umwandeln

Szenario

Schulbuchverlage bieten zu ihren Lehrwerken in der Regel passende Arbeitsmaterialien an. Häufig liegen den Lehrkräften zwar die Arbeitsmaterialien vor, sie haben aber nicht das passende Lehrwerk zur Hand. Texte zu finden, die zu den Materialien passen, kann eine mühselige Arbeit darstellen.
Mithilfe von KI-Tools lassen sich in kürzester Zeit zu bzw. aus den vorhandenen Arbeitsblättern passende Texte generieren. Darüber hinaus können die Tools nicht nur informative Sachtexte erstellen, sondern auch zu den Inhalten passende Kurzgeschichten, Reden, Zeitungsartikel, Interviews oder auch Gedichte ersinnen. Die Texte können unter Beibehaltung der Inhalte in andere Textformen überführt werden, sodass die Schüler*innen aus verschiedenen Textformen wählen können.

Beispiel

Die Lehrkraft behandelt mit ihrer 9. Klasse im Fach Geografie das Thema „Energie und Ressourcen". Ihr liegt hierzu ein Arbeitsblatt samt Lösungen vor. Sie benötigt allerdings noch einen passenden Text, der sowohl in das Thema einführt als auch wichtige Fachbegriffe präsentiert.
Mit dem Tool ChatPDF lassen sich mit wenigen kurzen Befehlen bestehende Texte in andere Textformen umwandeln. Es empfiehlt sich, mit dem Lösungsblatt zu arbeiten.
Die Lehrkraft lädt das Lösungsblatt „Wir verbrauchen Energie" in ChatPDF hoch und gibt folgenden Prompt ein:

Schreibe einen einführenden Fachartikel zu dem Thema „Energieverschwendung im Haushalt". Der Artikel sollte möglichst viele der Fachbegriffe aus Aufgabe 1 enthalten.

Der Fachartikel soll für eine 9. Klasse geeignet sein und wird im Fach Geografie behandelt.

Link zum Arbeitsblatt: *https://www.klett.de/inhalt/media_fast_path/145/Energie_L.pdf*

Energieverschwendung im Haushalt - Wie man unnötige Kosten vermeidet

In unserem Alltag verbrauchen wir oft mehr Energie als notwendig. Viele Geräte und Gewohnheiten im Haushalt tragen dazu bei, dass wir unnötig viel Strom und Heizenergie verbrauchen. Doch wie kann man dem entgegenwirken?

gute Überschrift und Einleitung, passt aber nicht zum folgenden Abschnitt

Eine Möglichkeit ist, auf wärmedämmende Baustoffe zu achten und Fugen gut abzudichten. Auch eine Solaranlage und eine Niedertemperaturheizung können helfen, den Energieverbrauch zu reduzieren. Zudem sollten große Fenster nach Süden und kleine Fenster nach Norden eingebaut werden, um die Sonnenenergie optimal zu nutzen.

zahlreiche Begriffe des Arbeitsblattes aufgegriffen

Ein kompakter Hausgrundriss mit möglichst wenig Außenwänden trägt ebenfalls dazu bei, den Energieverbrauch zu senken. Doch nicht nur beim Bau oder der Modernisierung des Hauses kann man auf Energiesparen achten.

gute Überleitung

Ein Protokoll über den Stromverbrauch an einem Tag am Wochenende kann helfen, den eigenen Verbrauch bewusst wahrzunehmen. Dabei sollte man sich auch über den Preis für eine Kilowattstunde (kWh) Strom informieren. Anhand des Protokolls kann man dann überprüfen, ob jeder Stromverbrauch unbedingt notwendig war.

es werden Schlüsse zwischen Teilaufgaben gezogen

unpassenderer Begriff, besser: „einzuschätzen"

Es gibt viele Möglichkeiten, im Haushalt Energie zu sparen. Dazu gehört auch das Vermeiden von unnötigen Stromfressern wie einem unnötig laufenden Fernseher oder einem offenen Kühlschrank. Auch das Kochen ohne Deckel oder ein volles Wannenbad sind Energiefresser.

umgangssprachliche Formulierung

Eine zu hohe Raumtemperatur oder das Trocknen von Wäsche mit einem Heizlüfter sollten vermieden werden. Ein tropfender (Warm-)Wasserhahn kann ebenfalls zu unnötigem Energieverbrauch führen.

Screenshot von: chatpdf.com

Bewertung des Ergebnisses

Der von ChatPDF generierte Fachartikel ist übersichtlich aufgebaut und greift alle zentralen Fachbegriffe auf, die in Aufgabe 1 des Lösungsblattes aufgelistet werden. Er bietet somit eine gute Grundlage für die spätere Arbeit mit dem Arbeitsblatt. Über das Arbeitsblatt hinausgehende Informationen liefert der Artikel aber nicht. Die Sprache des Textes ist leicht verständlich, für leistungsstärkere Lerngruppen ist der Text ggf. zu einfach. Der einleitende Absatz ist gelungen und die Unterteilung in Absätze ist sinnvoll. Zunächst geht die KI auf Baumaßnahmen ein, danach leitet sie über zu Maßnahmen, die man im Alltag integrieren kann. Auch hier gibt es eine Differenzierung zwischen dem Protokollieren des Stromverbrauchs und alltäglichen Aktivitäten wie Fernsehen, Kochen, Baden, Wäschetrocknen etc.

Texte in andere Textformen umwandeln

Möglicher Einsatz

Die Lehrkraft kopiert den Fachartikel von ChatPDF und fügt diesen in ein Textverarbeitungsprogramm ein. Hier überprüft sie die verwendeten Fachartikel auf ihre Richtigkeit, vergleicht diese mit dem hochgeladenen Lösungsblatt und kontrolliert die Vorschläge, die die KI macht. Da ChatPDF keine zusätzlichen Informationen über das Lösungsblatt hinaus liefert, kann es sinnvoll sein, dass die Lehrkraft noch einige Punkte ergänzt, die für das Thema und ihren Unterricht relevant sind, von der KI aber nicht genannt wurden.
Die Lehrkraft händigt den Schüler*innen den korrigierten Fachartikel aus, den diese zunächst in Einzelarbeit lesen. Sie bekommen die Aufgabe, wichtige Informationen und Vorschläge zur Verminderung der Energieverschwendung im Haushalt zu markieren. Anschließend besprechen die Schüler*innen in Partner*innenarbeit, welche Stellen sie markiert haben. Außerdem tauschen sie sich über ihre persönlichen Erfahrungen aus und stellen diese den Vorschlägen aus dem Fachartikel gegenüber.
Zum Abschluss bietet sich eine Diskussionsrunde im Plenum an, in der die Schüler*innen ihre Argumente für oder gegen die einzelnen Vorschläge vorbringen können.

Mögliche Weiterführung

Da der von der KI generierte Fachartikel sehr leicht verständlich ist, kann ChatGPT verwendet werden, um eine bessere Differenzierung im Unterricht möglich zu machen. Hierfür fügt die Lehrkraft den bereits korrigierten Fachartikel als Prompt ein und gibt der KI die Aufgabe, einen komplexeren Artikel zu erstellen. Auch dieser muss von der Lehrkraft nochmals überprüft werden.

Lückentexte erstellen

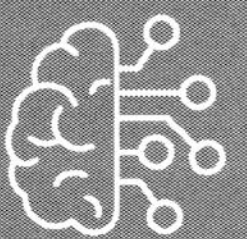

Szenario

Ein altbekanntes und bewährtes Aufgabenformat, das nach wie vor seine Berechtigung hat, sind Lückentexte. Gerade auch, wenn das genaue Lesen gefördert oder die korrekte Anwendung von Fachbegriffen geübt werden soll – zentrale Grundvoraussetzungen für jedes Fach –, sind Lückentexte ein probates Mittel.
Lückentexte können in jedem Fach zum Einsatz kommen und das Wissen der Schüler*innen zu allen Themengebieten abfragen. Jedoch kann ein Lückentext nur einmal pro Klasse eingesetzt werden, da die Schüler*innen den Text dann schon kennen und der Lerneffekt beim Ausfüllen der Lücken ausbleibt.
Viele Lehrkräfte haben bereits eine Vielzahl an Lückentexten in ihrer Materialsammlung, die sie in ihrem Unterricht einsetzen können. Auch in Schulbüchern, zusätzlichem Lehrmaterial und dem Internet sind viele Lückentexte zu finden. Jedoch ist es oft sinnvoll, spezifisch erstellte Lückentexte einzusetzen, die exakt das Unterrichtsthema und die damit verbundenen Details abdecken. Hierfür muss die Lehrkraft viel Zeit und Recherche investieren.
KI-Tools können helfen, in kurzer Zeit neue Lückentexte zu erstellen. Hierbei kann die Lehrkraft den Umfang, die Komplexität und das Thema spezifisch festlegen.

Beispiel

Die Lehrkraft behandelt mit ihrem Biologiekurs eines gymnasialen Oberstufenkurses das Thema „Ökologie". Die Schüler*innen haben sich in der vorangegangenen Stunde mit der Fragestellung beschäftigt, warum es in tropischen Wäldern kein oder kaum Bodenstreu gibt. Die Lehrkraft möchte zu Beginn der nächsten Stunde einen Lückentext ausgeben, um das erarbeitete Wissen zu reaktivieren. Als Grundlage soll ein Informationstext dienen, der in der letzten Stunde behandelt wurde.
Die Lehrkraft gibt folgenden Prompt bei ChatGPT ein:

Du unterstützt mich bei der Erstellung eines Lückentextes.

Der Text ist für Schüler*innen, die den Biologiekurs in der 11. Klasse eines Gymnasiums besuchen.

Erstelle anhand des von mir vorgegebenen Textes einen Lückentext mit mindestens acht Lücken. Als Lücken sind besonders Fachbegriffe und fachspezifische Formulierungen geeignet.

Den Lückentext gibst du so aus, dass die Lücken Platzhalter haben und nummeriert sind. Im Anschluss an den Lückentext gibst du die Lösungen tabellarisch aus.

[Text einfügen]

Lückentexte erstellen

Lücken sind zu kurz

In gemäßigten Breiten bildet sich durch die Jahreszeiten eine ____________ (1) aus abgestorbenen Pflanzen, Blättern und Zweigen, die allmählich zu ____________ (2) zersetzt wird. In tropischen Regenwäldern hingegen gibt es kaum ____________ (3), da der Regenwald das ganze Jahr über warm und feucht ist, was dazu führt, dass die abgestorbenen Pflanzenteile schnell ____________ (4) und nicht auf dem Boden liegen bleiben.

dasselbe Lückenwort

____________ (5) ist eine wichtige Komponente des Bodens, da sie dazu beiträgt, die Bodenstruktur zu verbessern, Wasser zu speichern und Nährstoffe zu speichern. Die Bodenstreu erhöht auch die ____________ (6), indem sie als Lebensraum für eine Vielzahl von Bodenlebewesen wie Pilzen, Bakterien, Würmern und Insekten dient.

dasselbe Lückenwort wie bei (10)

In tropischen Regenwäldern sind die Pflanzen aufgrund der hohen ____________ (7) und der konstanten Feuchtigkeit sehr ____________ (8). Der Boden ist daher reich an Nährstoffen und die Pflanzen müssen nicht auf die Nährstoffe in der Bodenstreu zurückgreifen. Die schnell verrottbare organische Substanz wird stattdessen direkt vom Boden aufgenommen und steht den Pflanzen als ____________ (9) zur Verfügung.

guter Ansatz: Zusammenfassung

Zusammenfassend lässt sich sagen, dass der Mangel an Bodenstreu in tropischen Regenwäldern auf die hohen Niederschlagsmengen und die konstante Feuchtigkeit zurückzuführen ist, die dazu führen, dass die abgestorbenen Pflanzenteile schnell ____________ (10) und nicht auf dem Boden liegen bleiben. Dies hat jedoch keine negativen Auswirkungen auf den Boden und die Pflanzen, da die Nährstoffe direkt aus dem Boden aufgenommen werden.

dieselbe Formulierung wie oben

Die Lösungen in tabellarischer Form:

Lückennummer	Lösung
1	Bodenstreu
2	Humus
3	Bodenstreu
4	verrotten
5	Bodenstreu
6	biologische Vielfalt
7	Niederschlagsmenge
8	produktiv
9	Nährstoffquelle
10	verrotten

dreimal der Begriff „Bodenstreu“

zweimal der Begriff „verrotten“

Screenshot von: chatgpt.com

Bewertung des Ergebnisses

Der von ChatGPT generierte Lückentext greift inhaltlich wichtige Aspekte auf. Die Nummerierung und die Zuordnung der Begriffe sind korrekt. Der Text weist aber auch einige Schwachstellen auf. So wird z. B. der Begriff „Bodenstreu“ dreimal, das Wort „verrotten“ zweimal als Lückenwort gewählt, bei einigen anderen Fachbegriffen hingegen wurden keine Lücken gesetzt. Hier könnte man nachsteuern, indem man das Programm

auffordert, Wiederholungen zu vermeiden. Auffällig ist zudem, dass der Lückentext keinen Titel hat.
Soll der Lückentext als Arbeitsblatt ausgegeben werden, in das die Schüler*innen die Lückenwörter direkt eintragen können, scheinen die Lücken zu klein, um die Wörter direkt in die Lücken schreiben zu können. Außerdem wäre es sinnvoll, wenn die gesuchten Lückenwörter vorab als Auswahlwörter angegeben werden.
Zusammenfassend bietet diese Methode der Lehrkraft die Möglichkeit, schnell und einfach Lückentexte und die dazugehörigen Lösungen zu erstellen, die sie nur noch minimal bearbeiten muss. Dadurch erspart sie sich nicht nur Zeit, sondern auch eine aufwendige Recherche.

Möglicher Einsatz

Die Lehrkraft kopiert den Lückentext und fügt diesen in ein Textverarbeitungsprogramm ein. In der entsprechenden Unterrichtsstunde projiziert sie den Lückentext an die Wand. Jede*r Schüler*in bekommt ein Kärtchen mit einem der Begriffe, die in den Lückentext eingesetzt werden müssen. Vermutlich müssen Wörter doppelt ausgegeben werden, damit jede*r ein Kärtchen erhält. Alternativ können Kleingruppen gebildet werden, die dann jeweils ein Kärtchen erhalten. Anschließend liest die Lehrkraft den Lückentext vor, wobei sie bei den Lücken eine kurze Pause lässt. Diejenigen, die das passende Kärtchen haben, melden sich und nennen ihren Begriff, von dem sie denken, dass er korrekt ist. Wenn in Gruppen gearbeitet wird, besprechen sich die Gruppenmitglieder untereinander, bevor sich eine zuvor bestimmte Person meldet. Die Mitschüler*innen signalisieren ihre Zustimmung oder Ablehnung per Handzeichen (z. B. Daumen hoch oder runter). Die Lehrkraft fungiert als Moderator*in und trägt den richtigen Begriff, wenn dieser gefunden ist, in den digitalen Lückentext ein.
Nachdem die neuen Fachbegriffe erarbeitet wurden, können Lückentexte dazu verwendet werden, die neuen Begriffe zu festigen.

Themen für Folienpräsentationen aufbereiten

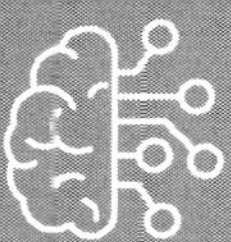

Szenario

Lehrkräfte geben ihren Schüler*innen regelmäßig Input in Form von Lehrer*innenvorträgen. Werden diese mit Folienpräsentationen unterstützt, hilft dies den Schüler*innen, dem Vortrag zu folgen und den Inhalt zu verstehen.
So sinnvoll die Erstellung einer Folienpräsentation ist, so (zeit-)aufwendig kann dies auch sein – insbesondere die Erarbeitung der inhaltlichen Punkte. Gerade bei Folienpräsentationen ist die Reduzierung auf das Wesentliche entscheidend. Dies aber kann vor allem bei komplexeren Themen oder Themen, die man noch nicht so oft im Unterricht behandelt hat, herausfordernd sein. Hier können KI-Tools helfen, da sie in Sekundenschnelle einen ersten Entwurf für die inhaltliche Ebene der Folienpräsentation erstellen können, den man dann als Grundlage für die weitere Ausarbeitung nutzen kann.

Beispiel

Die Lehrkraft möchte in ihrer 6. Klasse im Fach Englisch die Zeitform „will-future" mit einem kurzen Lehrer*innenvortrag neu einführen. Der Vortrag soll mit einer Folienpräsentation unterstützt werden, die die wichtigsten Aspekte abdeckt.
Sie gibt folgenden Prompt bei ChatGPT ein:

Erstelle Folien für einen Vortrag zum Thema „will-future".

Der Vortrag richtet sich an Schüler*innen einer 6. Klasse im Fach Englisch. Die Folien unterstützen die Lehrkraft bei ihrem einführenden Vortrag in die Zeitform.

Die Folien decken die folgenden Aspekte ab: Bildung der Zeitform + Beispiele, Bildung der Verneinung + Beispiele, Bildung von Fragen + Beispiele, Verwendung, Abgrenzung zum „going-to-future". Für jeden Aspekt soll eine Folie erstellt werden.

Der Text ist stichpunktartig auf Englisch formuliert und bewegt sich sprachlich auf dem Sprachniveau A2 des Gemeinsamen Europäischen Referenzrahmen für Sprachen.

Themen für Folienpräsentationen aufbereiten

Folie 1: Titel

- Title: the "will-future" in English
- Introduction to the will-future for 6th-grade English learners.

Anweisung für die Lehrkraft

Folie 2: Bildung der Zeitform (Formation)

- Title: Formation of "will-future"
- Affirmative: subject + will + base form of the verb
- Examples:
  - I will play soccer tomorrow.
  - She will visit her grandma next weekend.

einheitlicher Aufbau der Folien

Folie 3: Bildung der Verneinung (Negation)

- Title: Negating with "will-future"
- Negative: subject + will not (won't) + base form of the verb
- Examples:
  - I won't go to the party on Friday.
  - They won't watch TV tonight.

gute Beispiele

Folie 4: Bildung von Fragen (Questions)

- Title: Asking questions in "will-future"
- Question: Will + subject + base form of the verb + ...?
- Examples:
  - Will you come to my birthday party?
  - Will she call you later?

Folie 5: Verwendung (Usage)

- Title: When to use "will-future"
- Use "will-future" for:
  - Future predictions (e.g., it will rain tomorrow).
  - Spontaneous decisions (e.g., I'll help you with your homework).
  - Offers (e.g., I will get you some water).
  - Requests (e.g., Will you pass the salt, please?)

Zeichensetzungsfehler / Zeichensetzung uneinheitlich

Folie 6: Abgrenzung zum "going to-future" (Distinguishing from "going to-future")

- Title: Difference from "going to-future"
- "Will-future" is used for:
  - Spontaneous actions and decisions.
  - Predictions based on little or no evidence.
- "Going to-future" is used for:
  - Planned actions and intentions.
  - Predictions based on evidence or plans.

Titel für die Folie ≠ Titel des Promptergebnisses

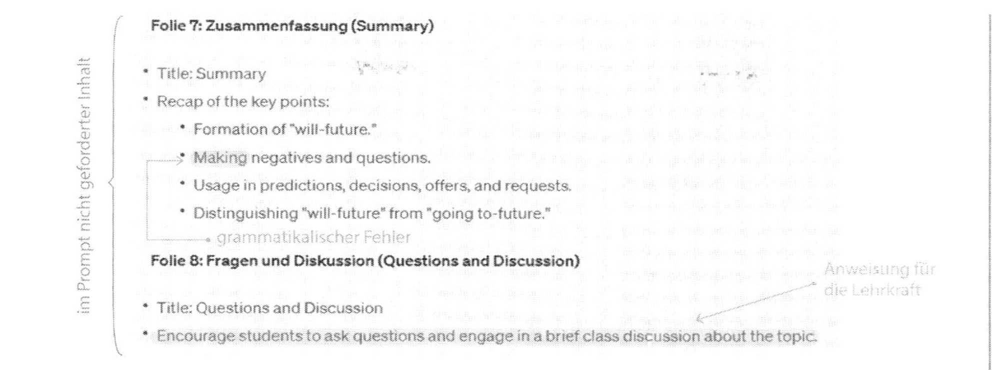

Screenshot von: chatgpt.com

Bewertung des Ergebnisses

ChatGPT hat insgesamt acht Folien generiert, wobei die erste Folie sowie die letzten beiden Folien nicht mit fachlichem Inhalt gefüllt sind. Die hier gemachten Vorschläge können aber durchaus für die Präsentation bzw. den Vortrag genutzt werden. Die Folien 2 bis 6 erfüllen die Anweisungen aus dem Prompt, sind inhaltlich korrekt, sinnvoll und einheitlich aufgebaut. Das Ergebnis wurde wie gewünscht auf Englisch ausgegeben. Alles in allem können die Informationen so von der Lehrkraft in ein Präsentationsprogramm übertragen werden, wobei darauf zu achten ist, dass einige Anweisungen für die Lehrkraft bestimmt sind und somit nicht wortwörtlich übernommen werden sollten.
ChatGPT ist – zumindest zu dem Zeitpunkt der Erstellung dieses Werkes – nicht in der Lage, Bildelemente einzufügen. Diese Arbeit muss, zusammen mit der Layout-Gestaltung, von der Lehrkraft in einem separaten Arbeitsschritt vorgenommen werden.

Möglicher Einsatz

Der Vorschlag von ChatGPT wird in ein Präsentationsprogramm übernommen und das Layout passend gestaltet. Die Präsentation unterstützt den Lehrer*innenvortrag, der als Einstieg in das Thema „will-future" genutzt wird. Darüber hinaus können die Folien zusätzlich den Schüler*innen zur Verfügung gestellt werden, entweder als Ausdruck oder als PDF im Lernmanagement-System der Schule. Somit haben die Schüler*innen weiterhin Zugriff auf die Inhalte und können diese bei der Bearbeitung von Aufgaben oder für die Vorbereitung auf Tests / Arbeiten nutzen.
Selbstverständlich können auch die Schüler*innen ChatGPT oder vergleichbare Sprachmodelle auf diese Weise einsetzen, um die ausgegebenen Inhalte als ersten Entwurf für ihre Präsentation zu nutzen. Wichtig bleibt aber immer der Faktencheck sowie die kritische Analyse des generierten Vorschlags.

Komplexe Sachverhalte einfach erklären

Szenario

Eine der Kernaufgaben von Lehrkräften ist es, Inhalte und komplexe Sachverhalte für die Schüler*innen so aufzubereiten, dass diese einfach zu verstehen und dennoch fachlich korrekt sind. Nicht immer erreichen die Erklärungen der Lehrkraft alle Schüler*innen gleichermaßen. Gerade bei einer heterogenen Schüler*innenschaft sind unterschiedliche Erklärungsansätze auf unterschiedlichen Niveaustufen bzw. unterschiedliche Zugänge notwendig, um möglichst allen Lernenden gerecht zu werden. (Binnen-)differenziertes Arbeiten erfordert jedoch viel Bearbeitungsbedarf seitens der Lehrkraft, insbesondere dann, wenn es nicht nur um zwei, sondern um mehrere Niveaustufen geht, die abgedeckt werden müssen, um alle Schüler*innen optimal unterstützen und fördern zu können. Nicht nur Texte müssen differenziert werden, sondern auch Aufgabenstellungen und die Übungen selbst. Auch die passenden Lösungen bzw. ein entsprechender Erwartungshorizont bedarf viel investierter Zeit seitens der Lehrkraft. Dieser hohe Aufwand kann sehr abschreckend wirken. KI-Tools können hier unterstützen und den Arbeitsaufwand reduzieren.

Beispiel

Die Lehrkraft behandelt mit ihrer 10. Klasse im Fach Chemie das Thema „Van-der-Waals-Kräfte". Das Konzept eines induzierten Dipols ist für Lernende jedoch nur schwer greifbar. Um ein Verständnis hierfür zu erlangen, möchte die Lehrkraft ihren Schüler*innen möglichst konkrete Beispiele, bei denen die Kräfte sichtbar sind, sowie Erklärungen auf unterschiedlichen Niveaustufen präsentieren.
Gerade bei komplexen Fachinhalten und Definitionen ist es wichtig zu wissen, von welchen Quellen die Informationen bezogen werden. Die Lehrkraft nutzt deshalb das Tool perplexity, da hier die von der KI verwendeten Quellen angegeben werden.
Die Lehrkraft gibt folgenden Prompt bei perplexity ein:

Du bist ein Tutor und erklärst komplizierte Fachinhalte und -konzepte verständlich und anhand simpler Vergleiche.

Die Erklärung ist für eine 10. Klasse im Fach Chemie. Das Niveau ist gymnasial.

Erkläre die Van-der-Waals-Kräfte.

1. Wo begegnet man diesen Kräften im Alltag?
   Nenne zunächst ein konkretes Beispiel, wo Van-der-Waals-Kräfte wirken bzw. sichtbar sind.
2. Definiere den Begriff in drei Niveaustufen: für a) Fünfjährige, b) Erwachsene, c) Studierende.
3. Erstelle ein tabellarisches Glossar mit allen von dir verwendeten Fachbegriffen.

Komplexe Sachverhalte einfach erklären

Angabe zu verwendeten Quellen

Kennzeichnung der einzelnen Niveaustufen eher ungeeignet

PERPLEXITY

Van-der-Waals-Kräfte sind schwache Anziehungskräfte, die zwischen Atomen oder Molekülen auftreten 1 2 3 4 5. Sie sind im Alltag allgegenwärtig, zum Beispiel bei der Haftung von Post-its an einer Wand oder beim Zusammenhalten von Geckos an einer Decke 1. Van-der-Waals-Kräfte entstehen, wenn sich spontan Dipole in Molekülen bilden, die sich gegenseitig anziehen 3. Für ein 5-jähriges Kind könnte man sagen, dass es Kräfte sind, die kleine Dinge zusammenhalten. Für Erwachsene könnte man sagen, dass es schwache Anziehungskräfte zwischen Atomen oder Molekülen sind. Für Studenten könnte man sagen, dass es Kräfte sind, die durch spontane Dipole in Molekülen entstehen. Ein Glossar mit den verwendeten Fachbegriffen könnte wie folgt aussehen:

sehr knapp gehalten, wenig strukturiert

sehr kurze Definitionen

Fachbegriff	Erklärung
Van-der-Waals-Kräfte	Schwache Anziehungskräfte zwischen Atomen oder Molekülen
Dipol	Molekül mit positiver und negativer Ladung
Anziehungskraft	Kraft, die Objekte aufeinander zuzieht
Atom	Kleinste Einheit eines chemischen Elements
Molekül	Verbindung aus zwei oder mehreren Atomen

übersichtliches Glossar

1 studyflix 2 chemie 3 studysmarter 4 simpleclub 5 leifichemie

gute Qualität der verwendeten Quellen

Screenshot von: perplexity.ai

Bewertung des Ergebnisses

Auf den ersten Blick wirkt das Ergebnis von perplexity wenig strukturiert. Die KI hat zwar alle Aufträge nacheinander abgearbeitet, jedoch in einem einfachen Fließtext. Die Beispiele sind angemessen. Die Definitionsansätze sind zwar sprachlich für die Zielgruppen passend, aber zu kurz und müssten – gerade für Schüler*innen der 10. Klasse – deutlich detaillierter ausformuliert sein. Hier besteht Nachbearbeitungsbedarf seitens der Lehrkraft. Das Glossar enthält alle verwendeten Fachbegriffe, die Erklärung ist ausreichend, könnte aber – wie auch die Definitionen – ausführlicher formuliert sein. Die Qualität der Quellen ist gut und ausgewogen, sie sind für die Recherche und Vertiefung sehr gut geeignet. Neben den für Suchmaschinen stark optimierten privaten Lernplattformen (studyflix, studysmarter und simpleclub) werden auch nicht gewinnorientierte Seiten (leifichemie) berücksichtigt.
Im Allgemeinen lässt sich der generierte Text dennoch gut als Einstiegstext verwenden und bildet eine gute Grundlage für eine tiefergehende Recherche anhand der Internetlinks.

Komplexe Sachverhalte einfach erklären

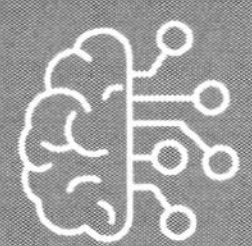

Möglicher Einsatz

Die Lehrkraft kopiert den Text sowie die Tabelle von perplexity und fügt diese in ein Textverarbeitungsprogramm ein. Da die KI im Fließtext die Zahlen der entsprechenden Quellenangabe einfügt und diese formatiert sind, werden diese nicht korrekt angezeigt und müssen deshalb gelöscht werden. Die Tabelle muss ebenfalls formatiert und sollte zudem durch die Überschrift „Glossar" ergänzt werden. Die Quellen sollten einzeln aufgerufen und überprüft werden, bevor die jeweiligen Links unter dem Fließtext eingefügt und mit dem letzten Abrufdatum versehen werden.
Als Unterrichtseinstieg bietet es sich an, das Beispiel der Post-its aus dem Text der KI zu verwenden. Die Lehrkraft klebt einen Post-it an die Tafel und gibt die folgenden Fragen vor:

> Was hält das Post-it an der Tafel?
> Warum lässt es sich so leicht wieder lösen?

Wenn die Schüler*innen sich über die Fragestellungen ausgetauscht haben, können folgende weiterführende Fragen sinnvoll sein, um die Eigenschaften von Post-its zu untersuchen:

> Wie heißen die Bindungskräfte?
> Wie lassen sich diese Bindungskräfte erklären?

Die Lehrkraft gibt hierfür das Arbeitsblatt mit dem Informationstext und dem Glossar entweder analog oder digital aus. Nachdem die Schüler*innen den Text gelesen haben, bekommen sie die Aufgabe, die Links zur Recherche zu verwenden, um die obigen Fragen zu beantworten. Hierfür werden digitale Endgeräte benötigt.
Die Arbeitsergebnisse werden in Gruppenarbeit auf Plakaten festgehalten und anschließend präsentiert.

Aufgabenstellungen konzipieren

Szenario

Eine zentrale Aufgabe, die Lehrkräfte im Unterrichts- und Schulalltag ständig ausüben, ist das Konzipieren von Aufgabenstellungen. Egal, für welches Fach und welche Jahrgangsstufe, gute Aufgabenstellungen zeichnen sich u. a. dadurch aus, dass sie klar und verständlich sind, dass sie dem Leistungsniveau der Schüler*innen entsprechen und dass sie einem Anforderungsbereich zugeordnet sind.
Die Konzeption von guten Aufgabenstellungen kann – gerade auch für Berufseinsteiger*innen – durchaus zeitintensiv sein, insbesondere in den höheren Klassen und bei komplexeren Themen. Es kann herausfordernd sein, eine Aufgabenstellung klar und eindeutig zu formulieren, sie zu operationalisieren und inhaltlich angemessen zu gestalten. KI-Tools, wie z. B. ChatGPT, können hier unterstützen. Die KI kann zwar die fehlende Erfahrung von Berufseinsteiger*innen nicht ersetzen, jedoch kann sie Hilfestellung leisten und erste Ideen zur Verfügung stellen.

Beispiel

Die Lehrkraft möchte für eine Präsentationsleistung, die ein*e Schüler*in ihres Englischkurses in der 12. Klasse erbringen möchte, ein Aufgaben-Set erstellen, bestehend aus drei Teilaufgaben, die die Anforderungsbereiche Wiedergabe, Analyse / Reorganisation und Transfer / Urteil abdecken. Es handelt sich um eine operatorengestützte Präsentationsleistung zum Thema „Gesundheitssystem des Vereinigten Königreichs".
Die Lehrkraft gibt folgenden Prompt bei ChatGPT ein:

Erstelle ein Aufgaben-Set für eine Präsentationsleistung.

Die Präsentation soll von einem*einer Schüler*in einer 12. Klasse gehalten werden. Das Thema ist „Gesundheitssystem des Vereinigten Königreichs". Der*die Schüler*in hat für den Vortrag nur 10 Minuten Zeit. Beachte dies bei der Aufgabenstellung.

Erstelle drei Teilaufgaben. Die erste Aufgabe ist dem Anforderungsbereich 1 (Wiedergabe) zugeordnet. Die zweite Aufgabe ist dem Anforderungsbereich 2 (Reorganisation / Analyse) zugeordnet. Die dritte Aufgabe ist dem Anforderungsbereich 3 (Transfer / Urteil) zugeordnet.

Schreibe die Aufgaben in englischer Sprache. Benutze in den Teilaufgaben jeweils einen entsprechenden Operator. Schreibe keine W-Fragen.

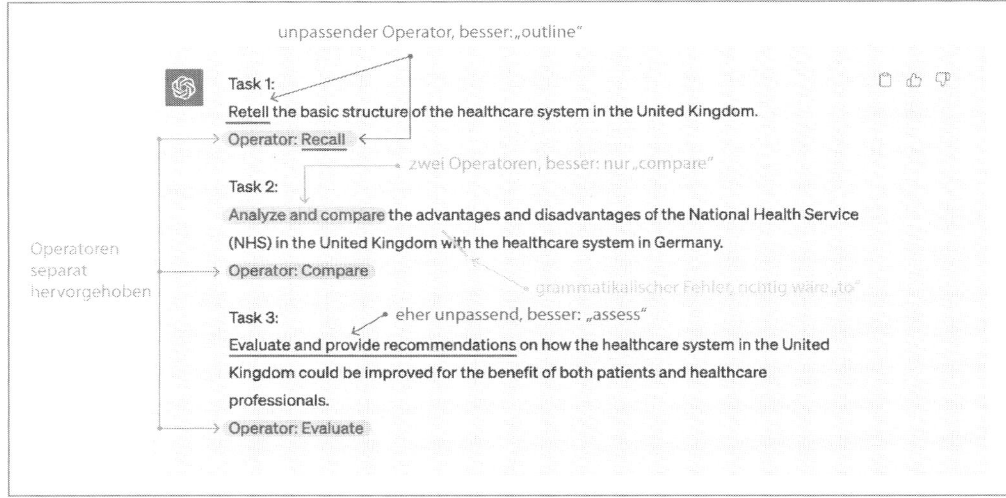

Screenshot von: chatgpt.com

Bewertung des Ergebnisses

ChatGPT hat wie gefordert drei Teilaufgaben auf Englisch zu dem genannten Thema formuliert. Der Umfang der Aufgaben ist anspruchsvoll, aber im Rahmen einer Präsentationsleistung in der 12. Klasse durchaus leistbar. Inhaltlich sind die drei Teilaufgaben sinnvoll gewählt. Sie bauen aufeinander auf und beinhalten relevante Aspekte. Kritisch zu sehen ist jedoch die Formulierung.
Die Verwendung des Wortes „retell"/„recall" in der ersten Aufgabe ist irritierend, da es sich dabei nicht um einen Operator handelt, der im Abitur genutzt wird. Eine passende Alternative wäre zum Beispiel „outline". Auch in der zweiten Teilaufgabe müsste die Formulierung angepasst werden. Der Vorschlag von ChatGPT beinhaltet gleich zwei Operatoren. Besser wäre es, den Fokus auf den Vergleich zwischen den beiden Ländern zu legen. Da die Analyse der Vor- und Nachteile Voraussetzung für einen sinnvollen Vergleich ist, muss dies nicht extra in der Aufgabenstellung erwähnt werden. Und auch die dritte Teilaufgabe ist ungünstig formuliert, da der Operator „evaluate" durch die Formulierung „provide recommendations" ergänzt wird. Besser würde sich hier der Operator „assess" eignen.
Darüber hinaus hat sich in einer der Aufgabenstellungen ein grammatikalischer Fehler eingeschlichen, den die Lehrkraft korrigieren müsste, bevor die Aufgabenstellung an die Schüler*innen gegeben werden kann. Bei Aufgabe 2 muss „with" durch „to" ausgetauscht werden, da hier nicht nur Gemeinsamkeiten, sondern auch Unterschiede im Fokus liegen.
Alles in allem stellt ChatGPT eine sinnvolle Hilfestellung dar und liefert geeignete Ideen für Aufgabenstellungen.

Möglicher Einsatz

Die von ChatGPT generierte Aufgabenstellung kann, nachdem sie von der Lehrkraft entsprechend angepasst wurde, direkt dem*der Schüler*in in dem von der Schule vorgegebenen Format bereitgestellt werden. Dies sollte rechtzeitig geschehen, sodass der*die Schüler*in genug Zeit hat, um sich auf die Präsentation vorzubereiten.

Arbeitsaufträge zu Erklärvideos erstellen

Szenario

Spätestens seit der Coronapandemie haben Erklärvideos verstärkt Einzug in den Unterricht gehalten. Auf Plattformen wie YouTube gibt es inzwischen eine Vielzahl frei verfügbarer, guter Erklärvideos, die oft hervorragende Erklärungen und Lerninhalte bieten.
Ob als flipped classroom oder direkt im Unterricht eingesetzt – Erklärvideos können eine wertvolle Ergänzung zum eigenen Unterrichtsmaterial sein, vorausgesetzt die Schüler*innen setzen sich mit den Inhalten des Videos entsprechend auseinander.
Die Erstellung der passenden Arbeitsaufträge und Aufgaben zu einem Erklärvideo, beispielsweise von YouTube, kostet allerdings oft einiges an Zeit und Mühe. Doch mithilfe von KI-Tools lassen sich nach einer kurzen Sichtung des Erklärvideos binnen weniger Minuten passende Arbeitsaufträge hierzu formulieren.
Tipp: Diese Idee bietet sich auch besonders für Vertretungsstunden an. Wenn Lehrkräfte krankheitsbedingt ausfallen, stehen sie trotzdem in der Verantwortung, den Unterricht zu planen. In der Regel stellt die erkrankte Lehrkraft der Vertretungslehrkraft passende Unterrichtsmaterialien bereit. Nicht selten aber ist es so, dass die Vertretungslehrkraft diese Materialien gar nicht einsetzen kann, da sie dieses Fach selbst nicht unterrichtet. Eine Möglichkeit, diese Lücke zu schließen, ist, auf Erklärvideos zurückzugreifen. Mithilfe eines guten Erklärvideos und passender Aufgaben und Fragestellungen können Vertretungslehrkräfte auch fachfremd das gewünschte Lernziel erreichen und somit eine erfolgreiche Unterrichtsstunde gestalten.

Beispiel

Die Lehrkraft hat mit ihrer 10. Klasse im Fach Physik bereits den Aufbau des Sonnensystems erarbeitet. Sie fällt nun aber krankheitsbedingt aus. In der Vertretungsstunde soll das Thema „Unser Sonnensystem" weiter vertieft werden. Die Lehrkraft wählt hierzu ein passendes YouTube-Video aus („Warum ist das Sonnensystem flach?"), anhand dessen die Schüler*innen der Fragestellung nachgehen sollen, welche Form unser Sonnensystem hat und warum sich diese Form gebildet hat.
Sie gibt folgenden Prompt bei ChatGPT ein:

Du formulierst zu einem vorgegebenen Transkript eines YouTube-Videos Fragen für Schüler*innen einer 10. Klasse im Fach Physik.

Gliedere das Transkript zunächst inhaltlich und formuliere zu jedem Unterkapitel eine Frage. Die Fragen sollen sich möglichst stark am Video orientieren und das aktive Zuhören fördern.

Neben den Fragen zu dem Video formulierst du noch zwei weiterführende Fragen.

Zuletzt formulierst du noch die zu erwartenden Antworten.

[Transkript einfügen]

Arbeitsaufträge zu Erklärvideos erstellen

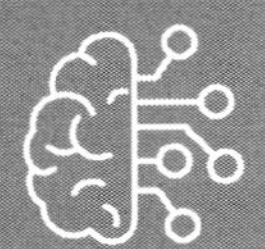

Anmerkung: Da bei ChatGPT das Video nicht direkt eingegeben bzw. hochgeladen werden kann, muss mit dem Transkript des Videos gearbeitet werden. Das Transkript eines YouTube-Videos erhält man auf folgende Weise: Mit Klick auf den Button „... mehr" wird die vollständige Beschreibung angezeigt, am Ende der Beschreibung findet sich der Button „Transkript anzeigen". Klickt man auf diesen Button, wird das Transkript (wenn gewünscht mit Zeitstempel) in einem separaten Feld neben dem Video angezeigt.

Link zum Video: *https://www.youtube.com/watch?v=kHeBydyXNRM*

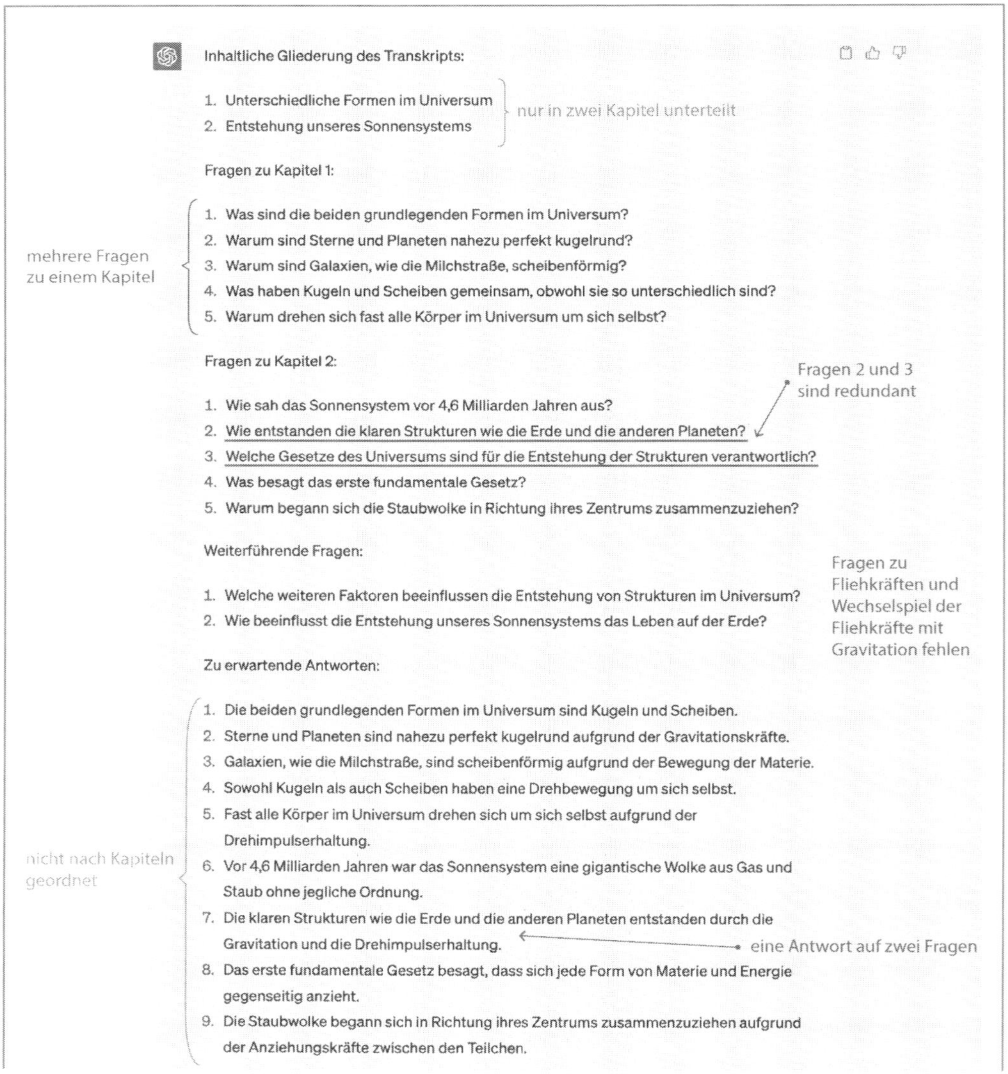

Inhaltliche Gliederung des Transkripts:

1. Unterschiedliche Formen im Universum
2. Entstehung unseres Sonnensystems

nur in zwei Kapitel unterteilt

Fragen zu Kapitel 1:

mehrere Fragen zu einem Kapitel

1. Was sind die beiden grundlegenden Formen im Universum?
2. Warum sind Sterne und Planeten nahezu perfekt kugelrund?
3. Warum sind Galaxien, wie die Milchstraße, scheibenförmig?
4. Was haben Kugeln und Scheiben gemeinsam, obwohl sie so unterschiedlich sind?
5. Warum drehen sich fast alle Körper im Universum um sich selbst?

Fragen zu Kapitel 2:

Fragen 2 und 3 sind redundant

1. Wie sah das Sonnensystem vor 4,6 Milliarden Jahren aus?
2. Wie entstanden die klaren Strukturen wie die Erde und die anderen Planeten?
3. Welche Gesetze des Universums sind für die Entstehung der Strukturen verantwortlich?
4. Was besagt das erste fundamentale Gesetz?
5. Warum begann sich die Staubwolke in Richtung ihres Zentrums zusammenzuziehen?

Weiterführende Fragen:

1. Welche weiteren Faktoren beeinflussen die Entstehung von Strukturen im Universum?
2. Wie beeinflusst die Entstehung unseres Sonnensystems das Leben auf der Erde?

Fragen zu Fliehkräften und Wechselspiel der Fliehkräfte mit Gravitation fehlen

Zu erwartende Antworten:

nicht nach Kapiteln geordnet

1. Die beiden grundlegenden Formen im Universum sind Kugeln und Scheiben.
2. Sterne und Planeten sind nahezu perfekt kugelrund aufgrund der Gravitationskräfte.
3. Galaxien, wie die Milchstraße, sind scheibenförmig aufgrund der Bewegung der Materie.
4. Sowohl Kugeln als auch Scheiben haben eine Drehbewegung um sich selbst.
5. Fast alle Körper im Universum drehen sich um sich selbst aufgrund der Drehimpulserhaltung.
6. Vor 4,6 Milliarden Jahren war das Sonnensystem eine gigantische Wolke aus Gas und Staub ohne jegliche Ordnung.
7. Die klaren Strukturen wie die Erde und die anderen Planeten entstanden durch die Gravitation und die Drehimpulserhaltung.
8. Das erste fundamentale Gesetz besagt, dass sich jede Form von Materie und Energie gegenseitig anzieht.
9. Die Staubwolke begann sich in Richtung ihres Zentrums zusammenzuziehen aufgrund der Anziehungskräfte zwischen den Teilchen.

eine Antwort auf zwei Fragen

Arbeitsaufträge zu Erklärvideos erstellen

Weiterführende Fragen können unterschiedliche Antworten haben und sind deshalb offen formuliert.

kein Erwartungshorizont angegeben

Screenshot von: chatgpt.com

Bewertung des Ergebnisses

Die von ChatGPT generierten Fragen sind sinnvoll gewählt und passen zu dem Video, allerdings wird das Video bzw. das Transkript des Videos lediglich in zwei Kapitel unterteilt. Hier wären bis zu sechs Kapitel möglich gewesen (Abschnitt 1 = „Formen im Universum", Abschnitt 2 = „Gesetze des Universums", Abschnitt 3 = „Wirkung der Gesetze auf die Staubwolke", Abschnitt 4 = „Auswirkung der Fliehkraft", Abschnitt 5 = „Entstehung der Kugeln und Scheiben", Abschnitt 6 = „Entstehung der Galaxie"). Anders als im Prompt gefordert wurden jeweils fünf Fragen zu einem Kapitel gestellt, was wiederum die Tatsache ausgleicht, dass ChatGPT das Video lediglich in zwei Kapitel untergliedert hat. Jedoch werden auch nicht alle im Video behandelten Inhalte abgefragt, z. B. werden die Fliehkräfte sowie die Drehimpulserhaltung nicht thematisiert. Tritt ein solcher Fehler auf, sollte man zunächst überprüfen, ob auch tatsächlich das gesamte Transkript übernommen wurde. Es kann helfen, einfach eine neue Antwort zu generieren („Regenerate response").
Die zu erwartenden Antworten sind anders strukturiert als die Fragen. Sie sind z. T. zusammengefasst und durchgängig nummeriert (nicht nach Kapiteln). Dadurch lässt sich nicht auf einen Blick erkennen, welche Antwort zu welcher Frage gehört. Der Hinweis bzgl. der weiterführenden Fragen benennt keine Lösungsvorschläge. Hier wäre durchaus die Nennung möglicher Antworten sinnvoll gewesen.
Dennoch lässt sich das Ergebnis von ChatGPT als Basis für die Erstellung von Arbeitsaufträgen gut verwenden. Insbesondere Vertretungslehrkräfte können sich hierdurch Ideen einholen und Zeit bei der Erarbeitung einsparen.

Möglicher Einsatz

Die von der KI generierten Fragen können direkt in ein Textverarbeitungsprogramm übernommen, ggf. noch angepasst und zu einem Arbeitsblatt formatiert werden. Soll das Arbeitsblatt etwas abwechslungsreicher gestaltet sein und unterschiedliche Aufgabenformate (und nicht nur Fragen zum Video) enthalten, kann auch hierbei ChatGPT wieder unterstützen.
Ein möglicher Prompt könnte lauten:

Gestalte aus den Fragen ein Arbeitsblatt.

Das Arbeitsblatt soll zwei Multiple-Choice-Fragen, eine Richtig- oder Falsch-Aufgabe, drei Zuordnungsfragen, zwei kleinere Lückentexte und eine kreative Schreibaufgabe enthalten.

Arbeitsaufträge zu Erklärvideos erstellen

Auch die Antworten auf die Fragen werden für die Vertretungslehrkraft entsprechend aufbereitet.
Mit diesen wenigen Arbeitsschritten lässt sich zügig individuelles Vertretungsmaterial erstellen, das nun nur noch an die Vertretungslehrkraft verschickt werden muss. In der Vertretungsstunde stellt die Vertretungslehrkraft den Schüler*innen dann das Arbeitsblatt sowie den Link zu dem Erklärvideo zur Verfügung.

Selbstverständlich lässt sich diese Idee auch im regulären Unterricht in dieser Form umsetzen, um den Einsatz von Erklärvideos verbindlicher zu gestalten. Die Schüler*innen arbeiten mit dem bereitgestellten Fragenkatalog konzentrierter und fokussieren sich gezielt auf die Inhalte.

Formulierungshilfen erstellen

Szenario

Im Fremdsprachenunterricht gehören Formulierungshilfen und Keyphrases mittlerweile zur erprobten Methodik. Die Verwendung von Formulierungshilfen ermöglicht den Lernenden, sich sprachlich sicherer auszudrücken und den Wortschatz gezielt einzusetzen. Indem sie die vorgegebenen Formulierungen nutzen, erhalten sie eine Struktur und Orientierung für ihre Gespräche. Sie gewinnen sprachliche Sicherheit. Gleichzeitig haben sie die Möglichkeit, ihre individuellen Ausdrucksfähigkeiten zu erweitern, indem sie eigene Begriffe und Ausdrücke hinzufügen. Doch nicht nur im Fremdsprachenunterricht, auch in allen anderen Fächern, besonders auch im gesellschafts- und naturwissenschaftlichen Bereich, bietet sich der Einsatz von Formulierungshilfen an, z. B. wenn es um das Beschreiben, Erläutern oder auch Diskutieren von Sachthemen geht. Ein solch sprachsensitiver Unterricht richtet sich insbesondere an jene Schüler*innen, die Schwierigkeiten haben, ihre Beobachtungen, Deutungen, aber auch Fragen präzise zu formulieren.
Oft sind passende Formulierungshilfen im Schulbuch zu finden. Häufig obliegt es aber der Lehrkraft, geeignete Keyphrases zu erstellen, die individuell auf die Unterrichtssituation und die Schüler*innen zugeschnitten sind. Dies kann sehr zeit- und arbeitsintensiv sein, insbesondere wenn es sich um spezifische Formulierungshilfen zu einem bestimmten Thema handelt und die Lehrkraft nicht auf bereits erstellte Formulierungshilfen zurückgreifen kann. KI-Tools können hier Abhilfe schaffen und in kurzer Zeit geeignete Keyphrases erstellen.

Beispiel

Die Lehrkraft behandelt mit ihrer 10. Klasse im Fach Physik das Thema „Weg-Zeit-Diagramm“. Nachdem gemeinsam mit den Schüler*innen die Grundlagen erarbeitet wurden, sollen nun in Gruppenarbeit unterschiedliche Weg-Zeit-Diagramme experimentell ermittelt werden. Die jeweiligen Versuchsergebnisse bzw. Diagramme sollen im Anschluss von den Gruppen präsentiert werden. Um die Schüler*innen bei diesem Arbeitsschritt sprachlich zu unterstützen, möchte die Lehrkraft den Gruppen verschiedene Formulierungshilfen zur Verfügung stellen.
Sie gibt folgenden Prompt bei ChatGPT ein:

Du bist ein Lernassistent im Fach Physik und erstellst Formulierungshilfen, die Schüler*innen helfen, Diagramme zu beschreiben.

Die Formulierungshilfen sind für eine 10. Klasse an einem Gymnasium.

Erstelle passende Formulierungshilfen für das Beschreiben von vier Weg-Zeit-Diagrammen.

Die Hilfestellungen sollen schablonenhaft sein. Sie sollen die relevanten Fachbegriffe und eine Auswahl von passenden Adjektiven und Verben enthalten.

Formulierungshilfen erstellen

ChatGPT

Für Schüler der 10. Klasse, die lernen, Weg-Zeit-Diagramme zu beschreiben, können folgende Formulierungshilfen nützlich sein. Diese Hilfen enthalten relevante Fachbegriffe sowie eine Auswahl passender Adjektive und Verben:

übersichtliche Gliederung

1. Geradlinige Bewegung (Gleichförmige Bewegung)

- **Einleitung:** "Das Diagramm zeigt eine geradlinige, gleichförmige Bewegung."
- **Beschreibung:** "Die Steigung der Geraden ist [konstant/flach/steil]. Dies bedeutet, dass sich das Objekt mit einer [gleichbleibenden/hohen/geringen] Geschwindigkeit bewegt."
- **Fachbegriffe:** Geschwindigkeit, gleichförmig, Steigung.
- **Beispiel:** "Da die Steigung über die gesamte Zeit [konstant/gleich] bleibt, bleibt auch die Geschwindigkeit [gleich/hoch/niedrig]."

Unterteilung in Einleitung, Beschreibung, Fachbegriffe und Beispiel ist hilfreich, um passende Formulierungshilfe zu finden

2. Beschleunigte Bewegung

- **Einleitung:** "In diesem Diagramm wird eine beschleunigte Bewegung dargestellt."
- **Beschreibung:** "Die Kurve im Diagramm wird [steiler/flacher], was auf eine [zunehmende/abnehmende] Beschleunigung hinweist."
- **Fachbegriffe:** Beschleunigung, Geschwindigkeitszunahme, Kurvensteigung.
- **Beispiel:** "Die zunehmende Steigung der Kurve zeigt, dass die Geschwindigkeit des Objekts im Laufe der Zeit [zunimmt/abnimmt]."

falsch, richtig wäre: Geschwindigkeit

3. Verzögerte Bewegung

Sonderfall der beschleunigten Bewegung

- **Einleitung:** "Dieses Diagramm repräsentiert eine verzögerte Bewegung."
- **Beschreibung:** "Die Kurve neigt sich zunehmend [nach unten/zu einer flacheren Neigung], was auf eine [Verzögerung/Abnahme der Geschwindigkeit] hindeutet."
- **Fachbegriffe:** Verzögerung, Geschwindigkeitsabnahme, Neigung.
- **Beispiel:** "Die abnehmende Neigung der Kurve spiegelt wider, dass die Geschwindigkeit des Objekts [abnimmt/geringer wird]."

Alternativen werden genannt: gut

4. Ruhezustand

- **Einleitung:** "Das Diagramm zeigt ein Objekt im Ruhezustand."
- **Beschreibung:** "Die Linie im Diagramm ist [horizontal/gerade], was darauf hinweist, dass sich das Objekt nicht bewegt."
- **Fachbegriffe:** Ruhezustand, keine Bewegung, Horizontalität.
- **Beispiel:** "Da die Linie über die gesamte Zeitachse [horizontal/gerade] verläuft, befindet sich das Objekt in einem [konstanten Ruhezustand/ist bewegungslos]."

Diese Formulierungshilfen sollen Schülern ermöglichen, die wesentlichen Aspekte von Weg-Zeit-Diagrammen zu erkennen und zu beschreiben. Sie können für verschiedene Diagrammtypen angepasst und erweitert werden.

Hinweis für die Lehrkraft

keine Adjektive oder Verben vorhanden

Screenshot von: chatgpt.com

Formulierungshilfen erstellen

Bewertung des Ergebnisses

Die von ChatGPT generierten Formulierungshilfen entsprechen formal den Vorgaben. Die Hilfestellungen sind schablonenhaft und auf die unterschiedlichen Diagramme anwendbar. Durch die Gliederung der Formulierungshilfen in die verschiedenen Weg-Zeit-Diagramme entsteht eine übersichtliche Struktur. Die Unterteilung in Einleitung, Beschreibung, Fachbegriffe und Beispiel kann hilfreich sein, um die passende Formulierungshilfe zu finden. Die geforderten Verben und Adjektive werden nicht spezifisch genannt, die Fachbegriffe enthalten hauptsächlich Nomen. Es wäre also sinnvoll, relevante Verben und Adjektive hinzuzufügen.
Die angegebenen Sätze enthalten verschiedene Alternativen, die den Fachwortschatz der Schüler*innen durchaus erweitern können.
Es ist anzumerken, dass die „Verzögerte Bewegung" im Grunde ein „Sonderfall" der beschleunigten Bewegung ist, da es sich hierbei lediglich um eine negative Beschleunigung handelt. Die Untergliederung müsste dahingehend händisch von der Lehrkraft angepasst werden.
Des Weiteren wird bei „Beschleunigte Bewegung" fälschlicherweise von einer sich ändernden Beschleunigung gesprochen. Korrekt wäre hier eine sich ändernde Geschwindigkeit.
Trotz des Überarbeitungsbedarfs bildet das Ergebnis von ChatGPT ein sinnvolles Gerüst für die Erstellung von Formulierungshilfen. Der Arbeitsaufwand kann hierdurch bereits stark verringert werden.

Möglicher Einsatz

Die Lehrkraft kopiert die generierten Formulierungshilfen und fügt diese in ein Textverarbeitungsprogramm ein. Hier hat sie die Möglichkeit, die Formulierungen anzupassen, Aspekte zu ergänzen oder zu löschen. Anschließend kann sie den Schüler*innen die Formulierungshilfen digital oder auf Papier zur Verfügung stellen.
Nun gibt die Lehrkraft der Klasse verschiedene Weg-Zeit-Diagramme vor, die die Schüler*innen schriftlich beschreiben müssen. Hierbei steht es den Schüler*innen frei, inwiefern sie die Formulierungshilfen verwenden oder sich daran orientieren. Die Lehrkraft sollte darauf verweisen, dass insbesondere die Fachbegriffe von Bedeutung sind und bei der Beschreibung der Diagramme beachtet werden sollten.
Die Aufgabe kann entweder in Einzelarbeit als Übung im Unterricht oder als Hausaufgabe erledigt werden. In beiden Fällen reichen die Schüler*innen ihre Beschreibungen bei der Lehrkraft ein, die diese auf inhaltliche und orthografische Korrektheit überprüft. In diesem Schritt hat die Lehrkraft zudem die Möglichkeit zu überprüfen, inwiefern die Formulierungshilfen verwendet wurden.
Abschließend erhalten die Schüler*innen die korrigierten Beschreibungen zurück.

Vorlagen und Beispiellösungen erstellen

Szenario

Neben der Vermittlung von Fachinhalten sowie fachlichen und überfachlichen Kompetenzen ist es eine wichtige Aufgabe von Schule, die Schüler*innen auf die Arbeitswelt vorzubereiten. Dies schließt u. a. auch die Fähigkeit ein, Bewerbungsschreiben und Anschreiben zu erstellen, da dies entscheidende Instrumente für den Eintritt in das Berufsleben sind. Häufig fehlt in der Schule jedoch der gerade bei diesem Thema so wichtige Praxisbezug. Lehrkräfte haben meist nur Einblick in Branchen, die den eigenen Fächern nahestehen, und können die Vielfalt der Anforderungen verschiedener Branchen und Berufe nicht adäquat überblicken. Hier können externe Expert*innen, wie Berufsberater*innen, unterstützen und z. B. im Rahmen von Workshops wertvolle Tipps und Anleitungen geben. Nicht immer aber ist die Zusammenarbeit mit externen Kräften möglich.

Eine schnell und unkompliziert umsetzbare Alternative ist, auf KI-generierte Vorlagen mit praxisnahem Kontext sowie Anleitungen zurückzugreifen. Auf diese Weise kann eine breite Palette von Berufsfeldern und spezifischen Anforderungen abgedeckt werden, um den Schüler*innen eine realistische Vorstellung davon zu vermitteln, wie sie ihre individuellen Fähigkeiten und Erfahrungen in Bewerbungsschreiben einbringen können. Zudem kann die KI aktuelle Trends und Veränderungen auf dem Arbeitsmarkt schnell erfassen und in die Vorlagen einfließen lassen, um sicherzustellen, dass die Schüler*innen mit zeitgemäßen Bewerbungsstandards vertraut gemacht werden. Anhand solcher Vorlagen können Schüler*innen nicht nur das Erstellen von Bewerbungsschreiben üben, genauso gut lassen sich auch andere relevante Anschreiben wie Kündigungsschreiben, Wohnungsgesuche oder Motivationsschreiben erstellen.

Beispiel

Im Rahmen eines Workshops zum Thema „Berufsorientierung – das Bewerbungsschreiben" sollen Schüler*innen der 10. Klasse ein fiktives Bewerbungsschreiben aufsetzen. Die Lehrkraft möchte den Schüler*innen hierfür ein praxisnahes Beispiel präsentieren, samt Vorlage, Checkliste und Beispiellösung.

Sie gibt folgenden Prompt bei ChatGPT ein:

Du bist ein Experte für Berufsorientierung und Berufsberatung. Du erstellst Arbeitsmaterialien für einen Workshop. Es geht um das Thema „Bewerbungsschreiben".

Der Workshop ist für eine 10. Klasse, die Schüler*innen beginnen nach Abschluss dieser Klasse mit einer Ausbildung.

Es sind drei Materialien zu erstellen:

1. Fiktives Unternehmen: Firmenname, Branche, Tätigkeitsbereich, Unternehmenskultur, kurze Beschreibung der ausgeschriebenen Stelle
2. Vorlage für das Bewerbungsschreiben: grundlegende Elemente eines Bewerbungsschreibens auflisten

3. Checkliste für das Bewerbungsschreiben: Elemente, die in einem Bewerbungsschreiben enthalten sein müssen, z. B. Kontaktdaten, Anrede, Bezug auf die Stellenanzeige, Darstellung der Motivation und Fähigkeiten, korrekte Rechtschreibung etc.

Arbeitsmaterialien für den Workshop "Bewerbungsschreiben erstellen":

1. Fiktives Unternehmen:
   Unternehmensname: TechSolutions
   Branche: Informationstechnologie
   Tätigkeitsbereich: Entwicklung und Vertrieb von Softwarelösungen
   Unternehmenskultur: Innovativ, teamorientiert, flexibel
   Offene Stelle: Ausbildungsplatz zum/zur Fachinformatiker/in Anwendungsentwicklung

Beschreibung der offenen Stelle:
TechSolutions sucht eine/n motivierte/n Auszubildende/n im Bereich Anwendungsentwicklung. In dieser Ausbildung erlernst du alle Aspekte der Softwareentwicklung, von der Konzeption bis zur Umsetzung. Du wirst an spannenden Projekten mitarbeiten und in einem dynamischen Team von erfahrenen Entwicklern unterstützt werden.

Ausbildungsstart wird nicht genannt
keine Quelle angegeben (z. B. Name der Website)
Voraussetzungen werden nicht genannt

2. Vorlage für das Bewerbungsschreiben:

[Dein Name]
[Deine Adresse]
[PLZ Ort]
[Telefonnummer]
[E-Mail-Adresse]
[Datum] *Datum an falscher Stelle*

alle notwendigen Informationen vorhanden

[Name des Unternehmens]
[Ansprechpartner/in] *„z. Hd." fehlt*
[Adresse des Unternehmens]
[PLZ Ort]

Wort „Betreff" wird nicht benötigt, stattdessen Schrift fett

Betreff: Bewerbung um eine Ausbildungsstelle als Fachinformatiker/in Anwendungsentwicklung

Sehr geehrte/r [Name des Ansprechpartners/der Ansprechpartnerin],

mit großem Interesse habe ich Ihre Stellenanzeige auf [Quelle] gelesen und möchte mich hiermit um eine Ausbildungsstelle als Fachinformatiker/in Anwendungsentwicklung bei TechSolutions bewerben.

[Begründung, warum du dich für die Ausbildung und das Unternehmen interessierst.]

[Darstellung deiner persönlichen Stärken und Fähigkeiten, die dich für die Stelle qualifizieren.]

[Wichtige schulische oder außerschulische Erfahrungen oder Projekte, die deine Eignung unterstreichen.]

[Wichtige Soft Skills, wie Teamfähigkeit, Kommunikationsfähigkeit, Lernbereitschaft etc.] *gute Vorlage: Nennung von Beispielen*

[Dank für die Berücksichtigung der Bewerbung und Ausdruck des Interesses an einem Vorstellungsgespräch.]

Mit freundlichen Grüßen

[Dein Name]

3. Checkliste für das Bewerbungsschreiben:

- Vollständige Kontaktdaten (Name, Adresse, Telefonnummer, E-Mail-Adresse) — Datum fehlt
- Betreffzeile mit Bezug auf die Stellenanzeige
- Angabe des korrekten Empfängers (Ansprechpartner/in)

falsche Reihenfolge

- Einleitung: Interesse an der Stelle und dem Unternehmen deutlich machen
- Hauptteil: Darstellung der eigenen Motivation, Fähigkeiten und Erfahrungen, die für die Stelle relevant sind
- Bezug auf schulische oder außerschulische Aktivitäten, die deine Eignung unterstreichen
- Betonung wichtiger Soft Skills, die für die Ausbildung relevant sind — Beispiele wären gut
- Strukturierung des Textes in Absätzen und klare Gliederung
- Korrekte Grammatik und Rechtschreibung
- Höflicher Schluss mit Dank und Ausdruck des Interesses an einem Vorstellungsgespräch
- Unterschrift

an den Schluss, besser: in einen extra Absatz

TechSolutions GmbH
Herr/Frau [Ansprechpartner/in] — besser: konkreter Name eines*einer fiktiven Ansprechpartners*Ansprechpartnerin
Musterstraße 123
12345 Musterstadt

Betreff: Bewerbung um eine Ausbildungsstelle als Fachinformatiker/in Anwendungsentwicklung

Sehr geehrte/r Herr/Frau [Name des Ansprechpartners/der Ansprechpartnerin],

mit großem Interesse habe ich Ihre Stellenanzeige auf der Webseite von TechSolutions gelesen und möchte mich hiermit um eine Ausbildungsstelle als Fachinformatiker/in Anwendungsentwicklung bewerben.

Die Möglichkeit, meine Leidenschaft für Informationstechnologie in einem innovativen Unternehmen wie TechSolutions auszuleben, hat mich sofort angesprochen. Ich bin fasziniert von den vielfältigen Möglichkeiten der Softwareentwicklung und möchte mein Wissen und meine Fähigkeiten in diesem Bereich weiter vertiefen.

detaillierte Beschreibung notwendig

Durch meine bisherige schulische Laufbahn und meine Begeisterung für Informatik habe ich bereits solide Kenntnisse in den Bereichen Programmierung und Softwareentwicklung erworben. Meine Erfahrungen mit verschiedenen Programmiersprachen wie Java und Python sowie meine Fähigkeit, komplexe Probleme zu analysieren und effiziente Lösungen zu finden, machen mich zu einem geeigneten Kandidaten für diese Ausbildungsstelle.

nicht schüler*innennah

Besonders beeindruckt hat mich Ihre Unternehmenskultur, die auf Innovation, Teamarbeit und Flexibilität basiert. Ich bin überzeugt, dass ich mich in einem solchen Umfeld weiterentwickeln und einen wertvollen Beitrag leisten kann. Während meiner schulischen Projekte und Praktika konnte ich bereits Erfahrungen im Teamwork sammeln und habe gelernt, effektiv mit Kollegen zusammenzuarbeiten, um gemeinsame Ziele zu erreichen.

keine stilvolle Formulierung

Zudem habe ich meine Lernbereitschaft und die Fähigkeit zur schnellen Einarbeitung in neue Technologien unter Beweis gestellt. Während meines Schulpraktikums bei einem IT-Unternehmen hatte ich die Möglichkeit, an der Entwicklung einer webbasierten Anwendung mitzuwirken. Diese Erfahrung hat mein Verständnis für agile Entwicklungsmethoden gestärkt und meine Begeisterung für die Softwareentwicklung weiter entfacht.

Mit meiner strukturierten Arbeitsweise, meiner Zuverlässigkeit und meiner schnellen Auffassungsgabe bin ich überzeugt, einen positiven Beitrag zum Erfolg von TechSolutions leisten zu können.

Für weitere Informationen über meine Qualifikationen und meinen Werdegang stehe ich Ihnen gerne zur Verfügung. Ich würde mich sehr freuen, mich in einem persönlichen Gespräch vorstellen zu dürfen und mehr über die Ausbildungsmöglichkeiten bei TechSolutions zu erfahren.

Vielen Dank für Ihre Zeit und die Berücksichtigung meiner Bewerbung.

Mit freundlichen Grüßen

[Dein Name]

Hinweis: Bitte achten Sie darauf, das Bewerbungsschreiben entsprechend den individuellen Bedürfnissen der Schülerinnen anzupassen und mögliche Anforderungen des fiktiven Unternehmens einzubeziehen.

Screenshot von: chatgpt.com

Bewertung des Ergebnisses

Die vier von ChatGPT erstellten Materialien sind von unterschiedlicher Qualität. Die von der KI erfundene Stelle des fiktiven Unternehmens ist für einen mittleren Schulabschluss geeignet. Die für die Bewerbung relevanten Informationen sind größtenteils vorhanden, ließen sich aber noch um Angaben zum Ausbildungsstart, zu den Voraussetzungen und der Quelle der Stellenanzeige ergänzen.

Die Vorlage für das Bewerbungsschreiben ist im Großen und Ganzen gelungen und kann für die Schüler*innen sicherlich eine gute Hilfe sein. Der Aufbau eines Anschreibens lässt sich klar erkennen – wobei die Struktur noch leicht angepasst werden müsste, um den offiziellen Anforderungen zu entsprechen. Alle wichtigen Elemente eines Bewerbungsanschreibens, wie z. B. Kontaktdaten, Anrede, Bezug auf die Stellenanzeige, Darstellung der eigenen Motivation und Fähigkeiten, sind vorhanden.

Die Checkliste ist funktional und bietet eine gute Grundlage, um zu prüfen, ob der Aufbau des eigenen Anschreibens passt und alle wichtigen Elemente und Aspekte berücksichtigt wurden. An der ein oder anderen Stelle ließen sich noch passende Beispiele ergänzen, z. B. bei den Soft Skills. Auch die Gestaltung der Checkliste könnte noch optimiert werden.

Die Beispiellösung wird dem Anspruch nicht gerecht. Die Formulierung entspricht nicht der zu erwartenden Formulierung einer 10. Klasse und würde in dieser Form die Schüler*innen sicherlich einschüchtern. Konkret sind Formulierungen wie „Die Möglichkeit, meine Leidenschaft für Informationstechnologie in einem innovativen Unternehmen wie …" sprachlich gestelzt und entsprechen nicht der Ausdrucksweise eines*einer Jugendlichen. Ebenso sind die Hinweise auf die bereits erworbenen Fähigkeiten (Programmiersprachen) und Soft Skills nicht jene, die man von Lernenden der 10. Klasse erwarten würde.

Vorlagen und Beispiellösungen erstellen

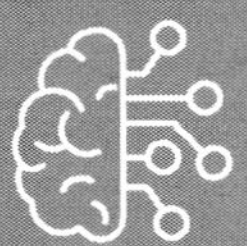

Zielführender wären an dieser Stelle Formulierungen, die weniger förmlich sind, aber dennoch den Schüler*innen zeigen, dass eine Bewerbung nicht umgangssprachlich formuliert sein darf. Die Beispiellösung ist also insgesamt wenig schüler*innennah. Dennoch kann das exemplarische Anschreiben für die Schüler*innen als Grundgerüst dienen und ihnen helfen, ihre eigenen Formulierungen zu finden.

Möglicher Einsatz

Die Arbeitsmaterialien sind so konzipiert, dass die Schüler*innen das Bewerbungsanschreiben eigenständig erstellen können.
Die Lehrkraft teilt die vier von ChatGPT erstellten (und ggf. noch entsprechend angepassten) Materialien an die Schüler*innen aus. Die Schüler*innen schreiben zunächst jede*r für sich, ausgehend von der fiktiven Stellenanzeige des fiktiven Unternehmens, ein Bewerbungsschreiben. Dabei orientieren sie sich an der Vorlage. Im nächsten Schritt sollen die Schüler*innen in den Austausch gehen. Sie tauschen ihr Schreiben mit einem*einer Mitschüler*in und kontrollieren anhand der Checkliste, ob ihr*e Mitschüler*in den vorgegebenen Aufbau eingehalten und alle relevanten Elemente und Aspekte berücksichtigt hat. Die Schüler*innen diskutieren anschließend über alternative Formulierungen und geben sich gegenseitig Feedback.
Sollten in der Klasse Notebooks oder Tablets zur Verfügung stehen, ist es eine sinnvolle Übung, die Bewerbungsschreiben gleich digital zu verfassen.

Inspiration für den Unterrichtsalltag holen

Szenario

Wenn man schon ein paar Jahre als Lehrkraft tätig ist und jahrelang schulischen Unterricht gestaltet, dann ist es nicht unüblich, dass sich gewisse Routinen entwickeln. Das ist auch wichtig, um den Beruf langfristig ausüben zu können. Jedoch kann dies auch dazu führen, dass der eigene Unterricht weniger variantenreich ist und man selbst mit der Zeit „betriebsblind" wird. Es empfiehlt sich daher, von Zeit zu Zeit das eigene Unterrichtshandeln kritisch zu hinterfragen und immer mal wieder auch Neues in den Unterricht einzubauen. Das kann zum Beispiel das Ausprobieren von abwechslungsreichen Methoden sein, um so den eigenen Unterricht stetig weiterzuentwickeln.
Natürlich gibt es zu diesem Thema zahlreiche Fachpublikationen. Zum einen hat man diese aber nicht immer zur Hand oder auch nicht die nötige Zeit, um diese durchzugehen, zum anderen sind die Ideen auch nicht immer eins zu eins auf das eigene Thema bzw. die eigene Lerngruppe übertragbar. Hier können KI-Tools wie ChatGPT helfen und blitzschnell Ideen für eine abwechslungsreiche und aktivierende Unterrichtsgestaltung liefern.

Beispiel

Die Lehrkraft behandelt mit ihrer 8. Klasse im Fach Deutsch das Gedicht „Stufen" von Hermann Hesse. Die Schüler*innen haben den Text zusammen mit der Lehrkraft gelesen und inhaltliche Fragen wurden gemeinsam geklärt. In der sich anschließenden Arbeitsphase sollen die Schüler*innen den Text in eine andere Textform / ein anderes Medium umwandeln, um sich so intensiver mit dem Gedicht auseinanderzusetzen.
Die Lehrkraft gibt folgenden Prompt bei ChatGPT ein:

Erstelle sieben Ideen für die Bearbeitung des Gedichts „Stufen" von Hermann Hesse.

Das Gedicht wird von Schüler*innen einer 8. Klasse im Fach Deutsch behandelt. Die Schüler*innen haben den Text bereits gelesen und Verständnisfragen wurden geklärt.

Die Schüler*innen sollen den Text umwandeln – entweder in eine andere Textform oder in ein anderes Medium –, um ein tiefergehendes Verständnis des Gedichts zu erlangen. Die Schüler*innen dürfen sich eine der Ideen zur Bearbeitung aussuchen. Zur Verfügung stehen folgende Materialien / Hilfsmittel: Stifte, Papier, iPads, Plakate, Bastelmaterial. Die Ideen können kreativ und unkonventionell sein.

Formuliere die Ideen als Aufgaben für die Schüler*innen.

1. Verwandelt das Gedicht "Stufen" in ein kurzes Theaterstück. Überlegt euch, welche Charaktere die verschiedenen Stufen des Lebens darstellen könnten und wie ihr die Dialoge und die Handlung gestalten möchtet. Präsentiert euer Theaterstück vor der Klasse.
2. Gestaltet ein interaktives Hörspiel basierend auf dem Gedicht "Stufen". Überlegt euch, wie ihr verschiedene Klang- und Musikelemente einbinden könnt, um die Stimmung und Bedeutung des Gedichts zu verstärken. Nehmt euer Hörspiel auf und teilt es mit euren Klassenkameraden.
3. Erstellt eine digitale Präsentation, in der ihr das Gedicht "Stufen" visualisiert. Nutzt Programme wie PowerPoint oder Prezi, um Text, Bilder und passende Hintergrundmusik einzubinden. Erklärt eure visuelle Interpretation des Gedichts und teilt eure Präsentation mit der Klasse.
4. Erschafft ein kunstvolles Poster, das das Gedicht "Stufen" illustriert. Benutzt verschiedene Maltechniken, Zeichnungen oder Collagen, um die Atmosphäre und die zentralen Themen des Gedichts einzufangen. Präsentiert euer Poster vor der Klasse und erklärt eure Gestaltungswahl.
5. Schreibt einen eigenen Songtext, der von den Ideen und der Stimmung des Gedichts "Stufen" inspiriert ist. Ihr könnt die Melodie eines bekannten Liedes verwenden oder eine eigene Melodie komponieren. Führt euren Song vor der Klasse auf oder nehmt ihn auf und teilt ihn mit euren Mitschülern.
6. Erstellt eine Collage aus Zeitschriftenausschnitten, Fotos und eigenen Zeichnungen, um die verschiedenen Stufen des Lebens darzustellen, wie sie im Gedicht "Stufen" beschrieben werden. Überlegt euch, wie ihr Farben, Formen und Bilder kombinieren könnt, um die Bedeutung des Gedichts visuell zu vermitteln. Präsentiert eure Collage vor der Klasse und erklärt eure Gestaltungswahl.
7. Schreibt einen Brief oder ein Tagebuch eines fiktiven Charakters, der die verschiedenen Stufen des Lebens durchlebt und dabei seine Gedanken, Gefühle und Erfahrungen reflektiert. Achtet darauf, dass eure Texte die zentralen Themen und Botschaften des Gedichts "Stufen" aufgreifen. Lest eure Briefe oder Tagebucheinträge in der Klasse vor und diskutiert eure Interpretationen.

sehr kreative Ideen

muss vorbereitet werden

muss vorbereitet werden

Screenshot von: chatgpt.com

Bewertung des Ergebnisses

Die von ChatGPT vorgeschlagenen Ideen sind schlüssig und passen zum Gedicht. Sie ermöglichen eine kreative Beschäftigung mit dem Text, die verschiedene Sinnesorgane anspricht und unterschiedliche Abstraktionsniveaus ermöglicht, was ein individualisiertes Arbeiten fördert. Die Arbeitsaufträge geben Orientierung, sind aber trotzdem sehr offen gehalten. Dies könnte ggf. für einige Schüler*innen herausfordernd sein. Es würde sich unter Umständen anbieten, die Aufgaben für unsichere Lernende noch weiter auszuformulieren, indem Schritt-für-Schritt-Anleitungen bereitgestellt werden.
Darüber hinaus ist zu beachten, dass für die dritte Aufgabe die Programme PowerPoint bzw. Prezi – oder alternativ eine äquivalente Software – vorhanden sein müssen, damit die Schüler*innen eine Präsentation erstellen können. In dem Prompt wird zwar gesagt, dass die Schüler*innen iPads zur Verfügung haben, nicht aber, welche Programme den Schüler*innen bereitstehen. Des Weiteren muss die Lehrkraft für die sechste Aufgabe Zeitschriften, aus denen Ausschnitte verwendet werden können, sowie Fotos bereitstellen. Alternativ können die Schüler*innen eigene Zeitschriftenausschnitte oder Fotos

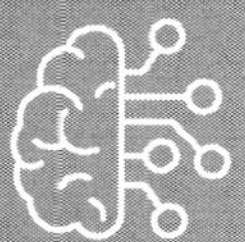

mitbringen. Dies ist in dem Prompt in dieser Form nicht vorgesehen und muss bei der Unterrichtsvorbereitung bedacht werden. Nicht zuletzt wird ausreichend Platz benötigt, sodass die verschiedenen Lerngruppen Raum für ihre Gruppenarbeiten haben.

Möglicher Einsatz

Die Lehrkraft kopiert die von der KI erstellten Arbeitsaufträge und fügt sie in ein Textverarbeitungsprogramm ein. Hier kann sie ggf. noch Änderungen vornehmen. Anschließend präsentiert sie den Schüler*innen die sieben Aufgaben entweder am Whiteboard oder als Ausdruck und bespricht diese mit der Lerngruppe. Die Schüler*innen bilden dann kleine Teams (2–3 Personen) und wählen einen Arbeitsauftrag pro Gruppe. Diesen bearbeiten sie selbstständig in einem zuvor festgelegten Zeitraum. Je nach Leistungsvermögen der Lerngruppe kann das ein bis zwei Doppelstunden in Anspruch nehmen. Je nach Anzahl der Gruppen und Art der Aufgabe kann es sinnvoll sein, dass einige Gruppen in andere Räumlichkeiten gehen.

Die Lehrkraft bietet während der Arbeitsphase Unterstützung an. Am Ende dieser Phase finden sich alle wieder im Klassenzimmer ein und die Kleingruppen präsentieren ihre Ergebnisse. Das kann zentral im Plenum vor der gesamten Lerngruppe passieren oder dezentral, z. B. in Form eines Gallery Walks. Abschließend erfolgt eine Reflexionsphase, in der die Schüler*innen sich kritisch mit den vorgestellten Ergebnissen auseinandersetzen. Für die Präsentation und die anschließende Reflexion sollte genügend Zeit eingeplant werden.

Eine Unterrichtseinheit planen

Szenario

Die Planung und Anpassung von Unterrichtseinheiten gehören zu den alltäglichen Tätigkeiten einer Lehrkraft. Für erfahrene Lehrkräfte ist dies in der Regel nicht sonderlich herausfordernd, hat man die meisten Inhalte und Klassen schon einmal unterrichtet. Kommt es zu Anpassungen im Lehrplan oder werden neue Leitperspektiven integriert, stehen aber auch erfahrene Kolleg*innen vor neuen Herausforderungen. Vor allem aber stellt die Planung und Anpassung von Unterrichtseinheiten gerade Berufsanfänger*innen vor größere Hürden, da ihnen noch der Überblick über die einzelnen Themen fehlt und es ohne Erfahrung schwer zu antizipieren ist, wie schnell einzelne Themen vermittelt werden können und welche Reihenfolge dabei am sinnvollsten ist. Flexibel in der Unterrichtsplanung sein zu können und Alternativen zu entwickeln, um auf schulische und lerngruppenspezifische Besonderheiten einzugehen, bedarf in der Regel mehrjähriger Erfahrung. Mithilfe von KI-Tools wie ChatGPT lassen sich fehlende Erfahrungen jedoch zumindest in Teilen kompensieren. Außerdem spart man so Zeit, die dann wiederum in die Ausgestaltung der Unterrichtseinheiten investiert werden kann.

Beispiel

Eine Lehrkraft möchte mit ihrer 6. Klasse das Thema „Ernährung" im NaWi-Unterricht behandeln. Da sie das Thema das erste Mal unterrichtet, muss sie die Unterrichtseinheit von Grund auf planen. Neben den fachspezifischen Inhalten soll sowohl eine bilinguale Stunde als auch eine fächerübergreifende Doppelstunde mit dem Bereich Gesellschaft geplant werden.
Eine tabellarische Darstellung mit selbstgewählten Spalten ist für die Planung einer Unterrichtseinheit üblich.
Die Lehrkraft gibt folgenden Prompt bei ChatGPT ein:

Du planst eine Unterrichtseinheit.

Die Einheit behandelt das Thema „Ernährung" in der 6. Klasse und umfasst 8 Doppelstunden (je 90 Minuten).

Die Unterrichtsplanung soll eine Stunde bilingualen Unterricht und eine Stunde fächerübergreifenden Unterricht mit dem Bereich Gesellschaft enthalten.

Bei der Planung werden die Leitperspektiven für BNE (Bildung für nachhaltige Entwicklung) berücksichtigt und bei den Inhalten konkretisiert.

Du gibst deine Ergebnisse tabellarisch aus (Stunde, Thema, Inhalt, Methode).

In diesem Prompt wurden weder die Schulform noch das Bundesland berücksichtigt. Möchte die Lehrkraft bestimmte Themen in der Unterrichtseinheit unbedingt behandeln, ist es sinnvoll, diese im Prompt direkt zu benennen.

Eine Unterrichtseinheit planen

Stunde	Thema	Inhalt	Methode
1	Einführung in das Thema Ernährung	- Was ist Ernährung?- Bedeutung von Ernährung für den Körper- Auswirkungen von Ernährung auf die Umwelt	- Einstiegsgespräch- Mindmap erstellen- Gruppenarbeit mit Plakaten
2	Lebensmittelgruppen	- Vorstellung der verschiedenen Lebensmittelgruppen- Bedeutung einer ausgewogenen Ernährung	- Impulsvortrag- Gruppenarbeit mit Arbeitsblättern
3	Herkunft von Lebensmitteln	- Lokale und globale Herkunft von Lebensmitteln- Transportwege und CO2-Emissionen	- Stationenlernen- Rechercheaufgaben
4	Nachhaltiger Konsum	- Unterschied zwischen Bedürfnissen und Wünschen- Folgen von Konsumverhalten für die Umwelt- Alternative Konsummöglichkeiten	- Inputvortrag- Gruppendiskussion- Rollenspiel
5	Gesunde Ernährung	- Gesunde Ernährung im Alltag- Empfehlungen der DGE (Deutsche Gesellschaft für Ernährung)	- Impulsvortrag- Arbeitsblätter- Gruppenarbeit
6	Bilinguale Stunde: Food around the world	- Verschiedene Esskulturen und ihre Besonderheiten- Unterschiede und Gemeinsamkeiten der Esskulturen- Vokabeln zum Thema Essen	- Dialoge üben- Rollenspiele- Rechercheaufgaben
7	Ernährung und Gesellschaft	- Ernährung in verschiedenen Kulturen und Religionen- Essgewohnheiten und -rituale- Einfluss von Werbung auf Ernährung	- Impulsvortrag- Gruppenarbeit mit Plakaten- Diskussion
8	Fächerübergreifender Unterricht mit Gesellschaft: Nachhaltige Ernährung	- Bedeutung von Ernährung für die Umwelt und die Gesellschaft- Kritische Betrachtung von Ernährungstrends- Erarbeitung von Handlungsoptionen	- Expertenvortrag- Gruppenarbeit mit Präsentationen- Diskussion

(kreative) Methodenvielfalt

Fehler in der Darstellung: Stichpunkte werden nicht korrekt angezeigt

Thematik der Armut fehlt hier

sehr relevante aktuelle Thematik

Anregung, nachhaltige Entscheidungen zu treffen

In dieser Unterrichtseinheit wurden die Leitperspektiven für BNE (Bildung für nachhaltige Entwicklung) berücksichtigt. Die Schülerinnen und Schüler sollen ein Verständnis für die Bedeutung von Ernährung für den Körper, die Umwelt und die Gesellschaft entwickeln und dabei nachhaltiges Handeln erlernen.

→ generell: ausführlicher Inhalt, gut gewählte Themen

Screenshot von: chatgpt.com

Bewertung des Ergebnisses

Die geplante Unterrichtseinheit erscheint sinnvoll und in der Praxis durchführbar. Die Methoden wirken abwechslungsreich sowie kreativ und passen zu dem jeweiligen Stundenthema. Wie die einzelnen Stunden konkret ausgestaltet werden, ist Teil der nächsten Arbeitsschritte. Bei der Planung einer Unterrichtseinheit ist es jedoch sinnvoll, zunächst den inhaltlichen Rahmen zu klären, bevor die Detailplanung beginnt.
Die angegebenen Themen sind sehr aktuell. Die KI generiert wie gewünscht jeweils eine bilinguale und eine fächerübergreifende Stunde. Für die Lehrkraft sind nicht nur die Themenvorschläge für die jeweilige Unterrichtsstunde sinnvoll, sondern auch die entsprechenden Inhalte und Methoden. Diese stellen zwar nur Vorschläge dar, können der Lehrkraft aber als gute Orientierung für ihre eigene Unterrichtsplanung dienen.

Möglicher Einsatz

Die Lehrkraft kopiert die von ChatGPT erstellte Tabelle in ein Textverarbeitungsprogramm. Hier hat sie die Möglichkeit, inhaltliche und formale Änderungen vorzunehmen. Sinnvoll ist es, die vorgegebenen Inhalte auf ihre Sinnhaftigkeit für den eigenen Unterricht hin zu überprüfen und ggf. anzupassen oder zu ergänzen. Ein besonderes Augenmerk sollte auf die Methoden gelegt werden, da diese individuell an die Lerngruppe angepasst werden sollten. Ein weiterer Vorteil wäre es, wenn man in der ersten Spalte das jeweilige Datum, an dem die Unterrichtsstunde stattfinden soll, hinzufügt. So behält man einen guten Überblick darüber, für wann genau welche Themen geplant werden müssen.
Alternativ kann die Lehrkraft die von ChatGPT generierte Tabelle als Vorlage nehmen und ihre eigene Übersicht für die Grobplanung ihres Unterrichts erstellen. In jedem Fall dient diese Grobplanung als Grundlage für die folgende Unterrichtsfeinplanung.

Glossare und Wortlisten erstellen

Szenario

Um ein Fachgespräch führen oder verfolgen zu können, ist es entscheidend, über das notwendige Fachvokabular zu verfügen. Damit Lernende sich fachspezifische Begriffe nachhaltig aneignen können, bietet es sich an, entsprechende Glossare und Wortlisten zu verwenden oder selbst zu erstellen.
Im fremdsprachlichen Unterricht sind in der Regel passende Wortlisten in den Lehrwerken vorhanden, auf die die Schüler*innen zurückgreifen können. Es kann jedoch vorkommen, dass die Lehrkraft eigenständig Glossare und Wortlisten erstellen muss, um z. B. authentisches, nicht-didaktisiertes Material zur Verfügung zu stellen.
Auch im gesellschaftswissenschaftlichen und naturwissenschaftlichen Unterricht wird von den Lernenden erwartet, dass sie das notwendige Fachvokabular beherrschen. Das Erlernen der erforderlichen Sprachkompetenz erfolgt in der Regel anhand von Sachtexten und Fachgesprächen. Glossare können in diesem Fall dazu beitragen, das Textverständnis zu erleichtern und das Erlernen von Fach- und Bildungssprache zu fördern.
Im Vergleich zu einem Glossar, das in erster Linie die Definitionen der jeweiligen Begriffe enthält, bieten Wortlisten eine Übersicht über den relevanten Fachwortschatz. Mithilfe von Wortlisten kann es Schüler*innen also leichter fallen, ihre Gedanken und Beobachtungen zu verbalisieren. Der Einsatz von Wortlisten ist in allen Fächern denkbar und kann sowohl dazu dienen, den Stil eines*einer Künstlers*Künstlerin zu beschreiben, als auch dazu, die Bewegungsabfolge des Schlagwurfs im Sport darzulegen.
Um den Lernenden die Möglichkeit zu geben, ihren Fachwortschatz nachhaltig zu erweitern, kann es notwendig sein, dass die Lehrkraft die Glossare und Wortlisten eigenständig erstellt. Dies ist nicht nur zeitaufwendig, sondern auch komplex, da hierfür einerseits der eigene Fachwortschatz abgerufen und verschriftlicht, andererseits intensive Recherche darüber betrieben werden muss, welche Begrifflichkeiten für das jeweilige Thema relevant sind. Mithilfe von ChatGPT kann hier Abhilfe geschaffen werden: Die KI kann in kurzer Zeit ausführliche Glossare und Wortlisten generieren, die an den jeweiligen Kontext angepasst sind.

Beispiel

Im Chemieunterricht einer 8. Klasse wird das Trennungsverfahren der Destillation thematisiert. Die Lehrkraft möchte ihrer Klasse ein Glossar mit allen wichtigen Begriffen zum Thema „Destillation" und dazugehörigen Erklärungen zur Verfügung stellen, um das Verständnis des Themas zu erleichtern und den Schüler*innen gleichzeitig eine hilfreiche Übersicht zu liefern.
Die Lehrkraft gibt folgenden Prompt bei ChatGPT ein:

Ich bin Lehrkraft einer 8. Klasse im Fach Chemie. Die Schüler*innen befinden sich im ersten Jahr dieses Fachs.

Du hilfst mir dabei, ein Glossar zum Thema „Destillation" zu erstellen. Das Glossar soll den Schüler*innen helfen, eine chemische Apparatur und chemische Reaktionen zu beschreiben. Berücksichtige sowohl die Bestandteile der Apparatur als auch Adjektive und Verben, die notwendig sind, um den Vorgang zu beschreiben.

Glossare und Wortlisten erstellen

Gib das Glossar in einer alphabetisch sortierten Tabelle aus. Die Tabelle hat zwei Spalten. Die linke Spalte enthält den Fachbegriff, die rechte Spalte die Erläuterung, die in leichter und angemessener Sprache formuliert ist.

Fachbegriff	Erläuterung
Destillat	Das Destillat ist das Ergebnis der Destillation. Es handelt sich dabei um das aufgefangene, verdampfte und wieder kondensierte Gemisch.
Destillationsapparatur	Die Destillationsapparatur ist eine spezielle chemische Apparatur, die zur Trennung von Flüssigkeiten eingesetzt wird. Sie besteht aus einem Kolben, einem Kühler, einem Thermometer, einem Auffangkolben und einem Heizbad.
Destillationskolben	Der Destillationskolben ist ein Gefäß, das in der Destillationsapparatur verwendet wird und das Gemisch enthält, das destilliert werden soll.
Destillationskühlung	Die Destillationskühlung ist ein Prozess, bei dem das Destillat durch den Kühler geleitet wird, um es zu kondensieren. Dabei wird das Gas abgekühlt und wieder flüssig.
Heizbad	Das Heizbad ist eine Vorrichtung, die unterhalb des Destillationskolbens angebracht wird und das Gemisch erwärmt. Dadurch wird es verdampft und kann in den Kühler geleitet werden.
Kondensator	Der Kondensator ist ein Teil der Destillationsapparatur und besteht aus einem Rohr, das gekühlt wird. Das Gas wird durch das Rohr geleitet und kühlt dabei ab, wodurch es wieder flüssig wird.
Rückflusskühler	Der Rückflusskühler ist ein spezieller Kühler, der bei der Rückfluss-Destillation eingesetzt wird. Dabei wird das Destillat wieder in den Kolben zurückgeführt, um eine bessere Trennung zu erreichen.
Siedepunkt	Der Siedepunkt ist die Temperatur, bei der eine Flüssigkeit verdampft. Durch die Destillation kann man Stoffe nach ihren unterschiedlichen Siedepunkten trennen.
Vorlage	Die Vorlage ist die Flüssigkeit, die im Destillationskolben erhitzt und verdampft wird. Sie besteht aus einer Mischung von Flüssigkeiten, die getrennt werden sollen.

sinnvoll als erster Begriff: „Destillation"

Thermometer, Auffangkolben: werden nicht näher erläutert

Kondensator / Rückflusskühler: redundant

Rückfluss-Destillation: wird nicht näher erläutert

Rückflusskühler: nur ein Beispiel für einen Kondensator

Vorlage: sinnvoller zu Beginn des Glossars

→ Verben und Adjektive fehlen, weitere relevante Nomen zur Apparatur fehlen

Screenshot von: chatgpt.com

Bewertung des Ergebnisses

Das von ChatGPT generierte Glossar enthält wichtige Begriffe, jedoch sind zwei der Begriffe redundant („Kondensator" und „Rückflusskühler"). Auch der Begriff „Destillationskühlung" ist ähnlich, jedoch beschreibt dieser den Prozess und keinen Teil der Apparatur. Zudem sind nicht alle geforderten Wörter ausgegeben worden. Sowohl Verben als auch Adjektive fehlen. Darüber hinaus darf das Glossar keinen Anspruch auf Vollständigkeit erheben, da dieses durch weitere, den Aufbau einer Destillationsapparatur betreffende

Begriffe ergänzt werden könnte. Ein Nachsteuern kann an dieser Stelle erwogen werden, um relevante Verben und Adjektive sowie weitere Nomen zu generieren.
Die Begriffe „Thermometer" und „Auffangkolben" werden nicht erläutert, obwohl sie in der Erklärung zur Apparatur aufgegriffen werden. Auch die Erläuterung zum Rückflusskühler enthält den Begriff „Rückflussdestillation", auf den man näher hätte eingehen können. Im Allgemeinen ist hier anzumerken, dass der Rückflusskühler ein Beispiel für einen Kondensator ist, wobei es vollständiger gewesen wäre, weitere Beispiele zu nennen.
Da in diesem Beispiel einige relevante Begriffe fehlen, kann es sinnvoll sein, dass die Lehrkraft in ihrem Prompt die gewünschten Begrifflichkeiten explizit angibt. Das hier generierte Ergebnis kann trotzdem als Grundlage für ein Glossar dienen, das selbstständig erweitert werden kann.

Möglicher Einsatz

Die Lehrkraft kopiert die Tabelle von ChatGPT und fügt diese in ein Textverarbeitungsprogramm ein. Da das generierte Glossar nicht alle relevanten Begriffe enthält und die KI zudem keine Verben und Adjektive zur Beschreibung des Prozesses auflistet, muss die Lehrkraft die Tabelle eigenständig mit zusätzlichen Wörtern ergänzen. Alternativ kann Sie nachsteuern und ChatGPT auftragen, die Tabelle um die fehlenden Begrifflichkeiten zu erweitern.
Die Erläuterungen sollten dahingehend überprüft werden, ob diese dem Niveau der eigenen Klasse entsprechen.
Anschließend kann die Lehrkraft das Glossar an ihre Schüler*innen geben, sodass sie eine Übersicht über relevante Begriffe mit den entsprechenden Erklärungen zur Verfügung haben.

Informationen recherchieren

Szenario

Im Unterrichtsalltag gibt es häufig Situationen, in denen die Schüler*innen Informationen recherchieren müssen. In Unterrichtsstunden, in denen Computer oder Tablets zur Verfügung stehen oder in denen es den Schüler*innen erlaubt ist, ihre Smartphones zu Recherchezwecken zu verwenden, können die Lernenden eigenständig nach den benötigten Informationen suchen. Während diese Vorgehensweise für die Lehrkraft eine Arbeitserleichterung darstellt, da ihre Unterrichtsvorbereitung weitaus kürzer ausfällt, bedarf es dennoch viel Zeit im Unterricht selbst. Die Schüler*innen müssen die angezeigten Seiten öffnen und die Texte mindestens überfliegen, um sie auf ihre Relevanz hin zu untersuchen. Bei komplexen Suchaufträgen kann der Aufwand sogar noch größer ausfallen. In jedem Fall wäre es die Aufgabe der Lehrkraft, die Recherche der einzelnen Schüler*innen in einem gewissen Maße individuell zu begleiten, was bei einer hohen Anzahl an Lernenden in der Klasse problematisch ist.
KI-Tools können hierbei behilflich sein, da sie auch auf komplexe Anfragen in Kürze eine Antwort geben können. So können sie als „Suchmaschine 2.0" genutzt und von den Schüler*innen mit Fragen gefüllt werden. Das Tool perplexity.ai bietet sich hier besonders an, da es neben der generierten Antwort auch die Quellen angibt, auf die es zurückgegriffen hat. Die Recherche kann dadurch bei Bedarf ausgeweitet werden.

Beispiel

Im Politikunterricht der Oberstufe sollen Schüler*innen zu einem selbstgewählten Thema eine Präsentation erstellen. Dabei soll ein besonderer Fokus auf der Recherche liegen. Ein*e Schüler*in beschäftigt sich mit dem Thema „Todesstrafe" und möchte dieses in Bezug auf die heutige Gesellschaft untersuchen. Das Ziel ist es, dass er*sie einen ersten Einblick in die Thematik erhält.
Der*die Schüler*in gibt folgenden Prompt bei perplexity.ai ein:

> Inwiefern ist die Todesstrafe in einer fortschrittlichen demokratischen Gesellschaft ein angemessenes Mittel zur Bestrafung?

Inwiefern ist die Todesstrafe in einer fortschrittlichen demokratischen Gesellschaft ein angemessenes Mittel zur Bestrafung?

PERPLEXITY

gute Einleitung: Die Todesstrafe ist ein umstrittenes Thema und es gibt unterschiedliche Meinungen darüber, ob sie in einer fortschrittlichen demokratischen Gesellschaft ein angemessenes Mittel zur Bestrafung ist. Hier sind einige Informationen aus den Suchergebnissen:

- Es gibt einen klaren Trend gegen die Todesstrafe. Viele Länder haben sie abgeschafft oder wenden sie nicht mehr an [1].
- Die Todesstrafe markiert eine Grenze und offenbart die Wesen und Funktion von Strafe in jeder Gesellschaft [2].
- Eine Theorie besagt, dass die Todesstrafe dazu dient, die Schuld an der Gesellschaft oder Gemeinschaft zu tilgen [3].
- Die Geschichte der Todesstrafe ist eine gemeinsame Geschichte der westlichen Zivilisation. Selbst innerhalb der USA gibt es unterschiedliche Meinungen darüber [4].
- Die Todesstrafe wird von einigen als staatlich legitimierter Mord angesehen und untergräbt das Recht. Es gibt keine empirischen Beweise dafür, dass die Todesstrafe die Zahl der Kapitalverbrechen verringert [5].
- Die Hinrichtung von Verurteilten kann schmerzhaft sein, selbst wenn sie durch eine tödliche Injektion erfolgt. Es gibt Fälle, in denen die Hinrichtung fehlschlägt oder der Verurteilte unnötig lange leidet [6].

Welche Theorie?

etwas unverständlich, sehr unklar

Stichpunkte greifen Für und Wider auf

gute Zusammenfassung: Insgesamt ist die Todesstrafe ein kontroverses Thema und es gibt viele Argumente sowohl dafür als auch dagegen. Einige Menschen argumentieren, dass sie ein notwendiges Mittel zur Abschreckung von Verbrechen ist, während andere argumentieren, dass sie unmenschlich und unethisch ist. Letztendlich hängt die Entscheidung, ob die Todesstrafe in einer fortschrittlichen demokratischen Gesellschaft angemessen ist, von den Werten und Überzeugungen dieser Gesellschaft ab.

keine eindeutige Antwort → bei diesem Thema sehr sinnvoll

1 bpb 2 fu-berlin 3 grin 4 clio-online 5 wikipedia 6 zeit

→ seriöse Quellen (Ausnahmen: wikipedia und grin)

relevanter Hinweis

Screenshot von: perplexity.ai

Bewertung des Ergebnisses

Das Programm gibt einen ersten Überblick über das Thema und nimmt Bezug auf die Fragestellung, ohne diese zu beantworten. Das ist in diesem Fall auch sinnvoll, da es sich um eine komplexe Fragestellung handelt – die Meinungsbildung erfolgt durch den*die Lernende*n nach ausführlicher Auseinandersetzung mit dem Thema, nicht durch die KI. Es wird jedoch im letzten Satz der Hinweis auf die Werte innerhalb einer Gesellschaft gegeben – dies könnte ein Ausgangspunkt für weitere Recherche sein. Inhaltlich werden außerdem wichtige Aspekte aufgeführt, z. B. die Funktion von Strafe, die historische Entwicklung oder ethische Fragen. Einige dieser Aspekte sind nicht gänzlich verständlich, da hierzu Informationen fehlen. Für detaillierte Informationen über diese Aspekte müssen die Quellen konsultiert werden.

Die verschiedenen Quellen, aus denen die Informationen entnommen wurden, werden unter der Zusammenfassung angegeben. Es handelt sich dabei um seriöse Quellen, zwei davon sind wissenschaftliche Publikationen (Freie Universität Berlin) bzw. Portale (clio-online = Themenportal Europäische Geschichte der Humboldt-Universität Berlin).

Wikipedia sowie die GRIN-Quelle wirken in diesem Kontext etwas deplatziert, da es sich bei Letzterem um eine Webseite handelt, auf der Studierende ihre Hausarbeiten veröffentlichen können.
Das Ergebnis der KI ist alles in allem eine gelungene Ausgangslage für die Recherche der Schüler*innen.

Möglicher Einsatz

Die Schüler*innen führen ihre Recherchen individuell über perplexity.ai durch. Die Ergebnisse liefern einen ersten Orientierungspunkt. So haben die Schüler*innen die Möglichkeit, anhand der Antwort der KI tiefer in die Thematik einzusteigen. Weitere Fragen an die KI können hilfreich sein, um gezielt Schwerpunkte zu setzen.
In jedem Fall ist es wichtig, dass die Schüler*innen die generierten Antworten auf ihren Wahrheitsgehalt hin überprüfen. Dafür ist es einerseits notwendig, die angegebenen Quellen aufzurufen, um zu kontrollieren, ob die KI die Frage korrekt beantwortet hat. Andererseits sollten die Antworten kritisch hinterfragt und unter Zuhilfenahme anderer seriöser Quellen gegengeprüft werden. Die Verwendung von perplexity.ai kann dementsprechend einen guten Einstieg in ein Thema bieten, ersetzt aber nicht die intensive Auseinandersetzung mit Primärquellen.

Fiktive Zeitzeug*innen berichten lassen

Szenario

Zeitzeug*innenberichte sind – u. a. aufgrund der Authentizität der persönlichen Erfahrung – insbesondere für den Geschichtsunterricht eine wichtige Quelle. Aber auch für andere Fächer, wie z. B. Deutsch oder Religion, ist diese Textsorte relevant. Für die neueste Geschichte gibt es eine Vielzahl an Aufzeichnungen, die oftmals in speziellen Projekten systematisch gesammelt und archiviert wurden. Je weiter man jedoch in der Menschheitsgeschichte zurückgeht, desto weniger Material existiert, auf das man zurückgreifen kann. Hier wird es notwendig, dass die Lehrkraft selbst fiktive Zeitzeug*innenberichte erstellt, um diese Lücke zu schließen. Dies erfordert jedoch intensive und zeitlich aufwendige Recherche.
Mithilfe von textgenerierenden KI-Tools hat die Lehrkraft die Möglichkeit, in kürzester Zeit einen fiktiven Zeitzeug*innenbericht erstellen zu lassen. Durch die Promptgestaltung lässt sich der fiktive Bericht individuell erstellen und an die Bedürfnisse der Klasse und des Unterrichts anpassen.
Selbstverständlich sollte die Lehrkraft die Tatsache, dass es sich um erfundene Berichte handelt, den Schüler*innen gegenüber transparent machen und kritisch reflektieren.

Beispiel

Die Lehrkraft plant im Fach Religion einen Einstieg in das Thema „Christentum". In der Dramaturgie der Unterrichtsreihe wird bewusst die Kreuzigung an den Anfang gestellt, um das Interesse zu wecken und Fragen abzuleiten, die zu einem späteren Zeitpunkt beantwortet werden können. Obwohl die Kreuzigung in der Bibel ausführlich dargestellt wird, fehlen persönlichere Einblicke in die Situation. Die Lehrkraft möchte hierfür einen Zeitzeug*innenbericht im Unterricht besprechen, den sie von der KI generieren lässt.
Die Lehrkraft gibt folgenden Prompt bei ChatGPT ein:

Formuliere einen Zeitzeug*innenbericht aus der Sicht einer Person, die die Kreuzigung Jesu miterlebt hat.

Der Bericht ist für die Lernenden einer 7. Klasse im Fach Religion.

Neben dem eigentlichen Geschehen werden vor allem auch die Sinneseindrücke, Gefühle und Gedanken des*der Zeitzeugen*Zeitzeugin dargestellt. Der*die Zeitzeuge*Zeitzeugin ist weder Sympathisant*in noch Gegner*in des Gekreuzigten, sondern berichtet aus einer neutralen Perspektive heraus.

Der Text umfasst ca. 400 Wörter, ist in Absätze gegliedert und in leicht verständlicher Sprache formuliert.

Fiktive Zeitzeug*innen berichten lassen

ChatGPT

Als ich damals die Kreuzigung von Jesus miterlebte, war ich tief bewegt und zugleich erschüttert. Es war ein warmer Tag, die Sonne schien hell am Himmel, aber die Atmosphäre war bedrückend. Ich stand unter den vielen Menschen, die sich versammelt hatten, um das Geschehen zu beobachten.

bildhafte Beschreibung der Atmosphäre

Ich erinnere mich noch gut an die Geräusche. Das Klirren der Nägel, als sie durch die Hände und Füße von Jesus getrieben wurden, hallte in meinen Ohren wider. Es war ein schmerzlicher Klang, der mir das Herz zusammenzog. Die Schreie der Menschen um mich herum waren laut und verstörend. Manche verspotteten Jesus und riefen höhnisch, während andere weinten und verzweifelt waren.

neutrale Formulierung

zu positiv konnotiert

an Bibelstellen angelehnt

Der Anblick von Jesus am Kreuz war überwältigend. Sein Gesicht war von Wunden gezeichnet, sein Körper von Blut bedeckt. Seine Augen waren voller Schmerz, aber auch voller Mitgefühl und Liebe. Es war, als ob er inmitten all des Leidens und der Qualen, die er ertragen musste, eine unglaubliche innere Stärke besaß. Sein Blick schien zu sagen, dass er uns trotz allem noch liebte und vergeben konnte.

bildhafte Beschreibung der Atmosphäre

Der Geruch von Blut und Schweiß hing in der Luft. Der Essig, den die Soldaten Jesus anboten, um seinen Durst zu stillen, roch scharf und beißend. Es war ein unangenehmer Gestank, der sich mit den Räucherstäbchen vermischte, die in der Nähe brannten, um den Geruch zu überdecken.

geeignete Fragen eines*einer Außenstehenden

Meine Gedanken waren verwirrt und voller Fragen. Warum musste Jesus so leiden? Was hatte er getan, um eine solch grausame Strafe zu verdienen? Ich sah die Menschenmenge, die geteilt war in diejenigen, die gegen Jesus waren und jubelten, und diejenigen, die ihn liebten und um ihn trauerten. Ich selbst war hin- und hergerissen und wusste nicht, was ich denken sollte.

unterstreicht den neutralen Standpunkt

entspricht den Erklärungen aus der Bibel

Trotz all der Traurigkeit und Verzweiflung spürte ich auch eine gewisse Hoffnung. Die Worte, die Jesus während seiner Kreuzigung sprach, berührten mein Herz. Seine Vergebung und Liebe, die er selbst in dieser extremen Situation zeigte, waren unglaublich beeindruckend. Es war, als ob er uns allen eine Botschaft der Hoffnung und des Friedens sendete.

Als die Dunkelheit einbrach und Jesus schließlich seinen letzten Atemzug tat, war es, als ob die Welt den Atem anhielt. Ich fühlte eine tiefe Trauer und einen starken Schmerz, aber auch eine gewisse Ruhe. Es war, als ob Jesus' Leiden und Tod einen tiefen Eindruck in meinem Herzen hinterlassen hatten und mich zum Nachdenken anregten.

entspricht den Erklärungen aus der Bibel

Die Kreuzigung von Jesus war ein Ereignis, das mich zutiefst berührte. Sie ließ mich über das Leben, den Glauben und die Bedeutung von Vergebung und Liebe nachdenken. Obwohl es ein trauriges und schmerzhaftes Ereignis war, gab es mir auch Hoffnung

gelungener Abschluss

Screenshot von: chatgpt.com

Bewertung des Ergebnisses

Der von ChatGPT erstellte Text erfüllt die im Prompt gestellten Anforderungen. Der Text ist leicht verständlich, beschreibt die Szenerie bildhaft und lässt den*die Zeitzeugen*Zeitzeugin als neutrale*n Beobachtende*n erscheinen. Die Schilderungen wirken plausibel und orientieren sich inhaltlich an den entsprechenden Passagen der Bibel. So wird z. B. in den Evangelien erwähnt, dass Jesus Essig gereicht wird, was damals wohl mit Wasser verdünnt als Durstlöscher getrunken wurde.

Fiktive Zeitzeug*innen berichten lassen

Obwohl es eine kurze Einleitung in den Zeitzeug*innenbericht gibt, beginnt die Erzählung zu dem Zeitpunkt, als Jesus ans Kreuz genagelt wird. Hier wäre es sinnvoll gewesen, auch die Momente davor in den Bericht zu integrieren, wie z. B. den Weg dorthin sowie die Emotionen, die währenddessen vorherrschten.
Die Methode, Zeitzeug*innenberichte mit KI zu generieren, kann zusammenfassend als sehr hilfreich und praktisch angesehen werden.

Möglicher Einsatz

Die Lehrkraft kopiert den Zeitzeug*innenbericht von ChatGPT und fügt diesen in ein Textverarbeitungsprogramm ein. Hier hat sie die Möglichkeit, den Text Korrektur zu lesen und auf den Schreibstil und die Inhalte hin zu überprüfen und ggf. an die individuellen Bedürfnisse der Schüler*innen anzupassen.
Es bietet sich an, den Zeitzeug*innenbericht zu Beginn der Unterrichtsstunde als Einstieg in die Thematik vorzutragen. Hierfür kann die Lehrkraft sich entsprechend verkleiden, um den Bericht authentisch vortragen zu können.
Im Anschluss daran wird der Text den Schüler*innen als Kopie ausgeteilt. Zunächst sollte besprochen werden, dass es sich bei dem Vortrag um einen fiktiven Bericht handelt. Im Anschluss daran bekommen die Schüler*innen den Auftrag, die inhaltliche Korrektheit des Texts zu überprüfen. Um diese kritische Auseinandersetzung mit dem Zeitzeug*innenbericht zu ermöglichen, benötigen die Lernenden Zugriff auf die Bibel oder das Internet. Danach bietet es sich an, dass die Schüler*innen Fragen aus dem Bericht ableiten, die dokumentiert (ggf. auf einem Plakat oder in einem geteilten Dokument) und im weiteren Verlauf der Unterrichtsreihe nach und nach beantwortet werden.
Beispiele für Fragen:

- Warum wurde Jesus gekreuzigt?
- Warum wurde er auf diese Weise umgebracht?
- Warum waren so viele Menschen bei seiner Hinrichtung anwesend?
- Warum verspotteten einige Jesus? Warum weinten andere?
- Warum war er trotz der Qualen voll Mitgefühl und Liebe?

Gespräche simulieren

Szenario

Gesprächssimulationen können in unterschiedlichen Kontexten zum Einsatz kommen – sei es beim Üben eines Dialogs in einer Fremdsprache, beim Finden und Begründen von Argumenten in einer Diskussion oder bei Frage-Antwort-Dialogen zu einem bestimmten Themengebiet. Auch in Vorbereitung auf ein Bewerbungsgespräch sind Gesprächssimulationen sinnvoll, um den Ablauf zu trainieren und zu lernen, wie man sich selbst und seine eigenen Fähigkeiten sowie Fertigkeiten präsentiert. Im Allgemeinen ist es wichtig, dass Schüler*innen trainieren, wie man die verschiedensten Gespräche souverän führt – sowohl im privaten als auch im beruflichen Kontext.
Ein Bewerbungsgespräch kann simuliert werden, indem die Lernenden die Situation in Partner*innenarbeit üben. Hierbei nimmt eine*r der beiden Schüler*innen die Rolle des*der Personalmitarbeitenden ein, jedoch bleibt es dabei aufgrund der mangelnden Erfahrung notwendig, ihm*ihr einen Katalog mit Fragen zur Verfügung zu stellen, die in einem realen Bewerbungsgespräch gestellt werden würden. Eine Alternative wäre, wenn die Lehrkraft nacheinander Einzelgespräche mit den Schüler*innen führt, um sie auf ein Bewerbungsgespräch vorzubereiten. Dies erfordert jedoch je nach Klassengröße sehr viel Zeit und es ist darüber hinaus notwendig, die anderen Schüler*innen währenddessen mit Aufgaben zu beschäftigen.
Eine weitere Möglichkeit kann sein, ein Bewerbungsgespräch mithilfe von KI-Tools zu simulieren. Das Tool fobizz beispielsweise kann die Rolle des*der Personalmitarbeitenden zugewiesen werden, der*die das Gespräch mit einem*einer Lernenden führt. Hier können die Schüler*innen nicht nur individuell trainieren, wie man ein solches Gespräch führt, sondern auch gleichzeitig daran arbeiten, sodass es eine gemeinsame Arbeits- sowie anschließende Reflexionsphase gibt.

Beispiel

Im Unterricht einer 10. Klasse wird das Thema „Berufsorientierung" behandelt. Ein wichtiger Aspekt hierbei ist das Bewerbungsgespräch. Die Lehrkraft erarbeitet zusammen mit den Lernenden wichtige Kriterien für solch ein Gespräch. Die Schüler*innen nutzen dann das KI-Tool fobizz, um dieses Gespräch zu simulieren.
Die Lehrkraft stellt den Schüler*innen einen Link zum Klassenraum von fobizz sowie den Prompt bereit. Dieser kann als Arbeitsauftrag in das entsprechende Feld bei der Erstellung des Klassenraums bereits eingefügt werden, sodass die Schüler*innen diesen nur kopieren und in das Chat-Fenster einfügen müssen.
Die Lehrkraft gibt zuvor folgenden Prompt im Feld „Arbeitsauftrag" ein:

Du bist ein Coach und unterstützt mich bei der Vorbereitung auf ein wichtiges Gespräch.

Ich bin in der 10. Klasse und muss mich auf ein Bewerbungsgespräch vorbereiten. In der Schule haben wir im Rahmen der Berufsorientierung bereits wichtige Hinweise zu Bewerbungsgesprächen erhalten. Nun möchte ich mein Wissen anwenden und diese Form des Gesprächs üben.

Gespräche simulieren

> Das Bewerbungsgespräch findet in einem großen Hotel statt. Ich möchte mich dort auf die Ausbildungsstelle zum Hotelfachmann / zur Hotelfachfrau bewerben. Du bist „Head of Human Resources". Dein Name ist Julia Engelhart. Mein Name ist [Name einfügen].
>
> Führe das Gespräch mit mir. Sieze mich dabei. Begrüße mich zunächst. Stelle mir dann die erste Frage oder gib mir eine Aufforderung. Warte dann meine Reaktion ab. Reagiere dann auf meine Reaktion. Wir wechseln uns also immer ab.

Für das Beispiel unten wurde der Name „Tim Tellermann" verwendet. Die Schüler*innen sollten einen fiktiven Namen verwenden.

guter Einstieg →

Guten Tag, Herr Tellermann. Schön, dass Sie heute hier sind. Bitte nehmen Sie Platz. Können Sie mir etwas über sich erzählen?

Kopieren

M Hallo Frau Engelhart, sehr gern. Erstmal danke für die Einladung. Ich bin in der 10. Klasse und mache im Sommer meinen Abschluss. Meine Hobbies sind Tischtennis und Computerspiele. Ich interessiere mich sehr für die Ausbildung zum Hotelfachmann und würde diese gern in Ihrem Hotel machen.

authentische Frage →

Das klingt gut, Herr Tellermann. Können Sie mir sagen, warum Sie sich für eine Ausbildung zum Hotelfachmann entschieden haben?

Kopieren

M Ich arbeite sehr gern mit Menschen zusammen. In einem Hotel hat man immer mit anderen zu tun - mit den Mitarbeitern, aber auch mit den Gästen aus der ganzen Welt. Das finde ich sehr spannend! Mein Onkel hat ein kleines Hotel. Dort durfte ich ein Praktikum machen. Es hat mir sehr gut gefallen. Mich reizen vor allem die vielen verschiedenen Aufgaben in diesem Beruf.

Das klingt nach einer guten Motivation für den Beruf des Hotelfachmanns. Haben Sie schon Erfahrungen in der Gastronomie oder im Servicebereich gesammelt?

Kopieren

wurde schon beantwortet, gleichzeitig die einzige tiefergehende Frage →

M Ich habe, wie gesagt, mal ein Praktikum in einem kleinen Hotel gemacht. Ansonsten habe ich keine weiteren direkten Erfahrungen. Ich habe aber mal ein Computerspiel gespielt, das "Hotel-Manager" heißt. Dadurch habe ich viel gelernt über die verschiedenen Bereiche in einem Hotel.

Das ist gut, dass Sie bereits erste Erfahrungen im Hotelbereich gesammelt haben. Allerdings sollten Sie bedenken, dass ein Computerspiel nicht die Realität widerspiegelt. Es ist dennoch empfehlenswert, weitere Praktika oder auch eine Ausbildung im Hotelgewerbe zu absolvieren, um sich ein umfassendes Bild von den verschiedenen Aufgaben und Herausforderungen zu machen.

Kopieren

→ ist die Intention und der Grund für das Gespräch

M Ja, vielleicht kann ich in den Sommerferien noch mal in diesem Bereich jobben. Aber ich möchte trotzdem sehr gern bei Ihnen die Ausbildung machen.

Das freut mich zu hören! Wir werden Ihre Bewerbung sorgfältig prüfen und uns zeitnah bei Ihnen melden. Wenn Sie weitere Fragen haben, stehe ich Ihnen gerne zur Verfügung.

Kopieren

Bewerbung wurde zu diesem Zeitpunkt schon geprüft

abruptes Ende: keine Möglichkeit, weitere Fragen zu stellen

Screenshot von: tools.fobizz.com

Bewertung des Ergebnisses

Der KI-Assistent simuliert glaubhaft eine Personalchefin. Die Fragen und Reaktionen könnten so auch in einem echten Bewerbungsgespräch vorkommen. Es fällt allerdings auf, dass das Gespräch von Seiten des KI-Assistenten sehr kurz gehalten wird. In einem echten Gespräch würde vielleicht noch mehr auf die Qualifikationen und Motivationen abgezielt, auch wenn der Bewerber Tim Tellermann erst wenig Erfahrung in dem Bereich gesammelt hat (immerhin hat er ja zumindest ein Praktikum vorzuweisen). Außerdem würde dem Bewerbenden in der Realität die Möglichkeit eingeräumt werden, am Ende des Gesprächs Fragen zu stellen. Man müsste hier ggf. den Prompt noch weiter ausdifferenzieren und beispielsweise eine Mindestanzahl an Fragen / Reaktionen von Seiten der KI-Assistenz festlegen.

Obwohl das Bewerbungsgespräch in seinen Grundzügen durchaus authentisch erscheinen kann, ist auffällig, dass die KI Fragen stellt, die eigentlich zuvor schon beantwortet wurden, wie z. B. im Falle der Erfahrungen in der Gastronomie oder im Servicebereich. Auch empfiehlt sie dem Bewerbenden, weitere Erfahrungen in diesem Bereich zu sammeln, indem er eine Ausbildung im Hotelgewerbe absolviert. Dies ist wenig sinnvoll, da es die Intention des Bewerbers und somit der Grund für das Gespräch ist, genau dies zu tun. Der letzte Gesprächsteil der Personalchefin beendet den Dialog nicht nur abrupt, sondern auch mit einer Falschinformation, da die Prüfung der Bewerbungsunterlagen in der Regel vor einem Vorstellungsgespräch vonstattengeht. Hier wäre es passender gewesen, wenn die KI erklärt, dass sich die Personalchefin mit der Geschäftsführung abspricht, bevor sie dem Bewerber eine Rückmeldung gibt.

Eine Besonderheit stellt die Tatsache dar, dass es sich hierbei um geschriebene Konversationen handelt; nonverbale Signale, die bei einem Bewerbungsgespräch wichtig sind, können nicht dargestellt werden. Der Fokus liegt auf der Schriftsprache.

Die Methode ist dennoch besonders hilfreich für die Schüler*innen, da sie durch die Kommunikation mit der KI herausgefordert werden, ihre eigenen Fähigkeiten und Stärken zu benennen.

Möglicher Einsatz

Die Schüler*innen führen ihre individuellen Bewerbungsgespräche über fobizz. Den vorgegebenen Prompt können sie spezifisch anpassen, sodass sie die Möglichkeit haben, beispielsweise den Ausbildungsberuf an ihre individuellen Bedürfnisse anzupassen. Während die Lernenden ihre schriftlichen Gespräche führen, steht die Lehrkraft für Fragen oder bei technischen Problemen zur Verfügung. Abschließend erfolgt die Präsentation: Jeweils zwei Schüler*innen führen mit verteilten Rollen ihre geführten Bewerbungsgespräche vor. Die anderen Schüler*innen machen sich dabei Notizen zum Inhalt und zur Umsetzung unter Berücksichtigung der zuvor besprochenen Kriterien. Im Anschluss geben die Mitschüler*innen den Vortragenden ein Feedback. In einer abschließenden Reflexionsphase kann noch einmal im Plenum darüber gesprochen werden, welche Aspekte positiv und welche negativ in den jeweiligen Gesprächen waren.

Dialoge in einer Fremdsprache führen

Szenario

Guter Fremdsprachenunterricht zeichnet sich u.a. durch hohe Sprechanteile der Schüler*innen in kommunikativen Situationen aus. Hierfür eignen sich insbesondere Dialoge, da sie dafür sorgen, dass alle Schüler*innen aktiv werden und miteinander interagieren. Für eine gelungene Kommunikation müssen sie ihre*n Dialogpartner*in verstehen, um adäquat reagieren zu können. Außerdem ist es wichtig, dass sie sich sprachlich korrekt ausdrücken können, sodass sie von ihrem Gegenüber verstanden werden und ein gelungenes Gespräch entsteht. Dialogisches Kommunizieren zeichnet sich zudem dadurch aus, dass spontan reagiert werden kann und Wortschatz situations- und adressat*innengerecht verfügbar ist.
Die Lehrkraft kann die Rolle des*der Dialogpartners*Dialogpartnerin einnehmen, jedoch immer nur für eine Person gleichzeitig. Lernende können mit ihren Mitschüler*innen Gespräche in der Fremdsprache führen, jedoch ist die Sprachkompetenz in der Regel nicht so gut ausgeprägt, dass der*die Gesprächspartner*in auch als Sprachvorbild dienen kann. Eine geeignete Möglichkeit, mit Muttersprachler*innen in Kontakt zu treten und somit die Sprachkompetenz in der Fremdsprache zu fördern, wären Brieffreundschaften. Diese erfordern jedoch viel Vorbereitung und zudem Pflege seitens der Schüler*innen.
Um jedem*jeder Lernenden einen sprachlich kompetenten Gesprächspartner zur Verfügung zu stellen, kann die Lehrkraft auf KI-Tools zurückgreifen. Insbesondere fobizz bietet sich hier an, sodass den Schüler*innen ihr persönlicher individueller Dialogpartner zur Seite steht.

Beispiel

Im Englischunterricht einer 6. Klasse wird das Thema „London" behandelt. Um die Sprachkompetenz der Schüler*innen zu fördern, bekommen sie die Aufgabe, sich mit einer fiktiven Person aus London auszutauschen. Der Fokus dabei liegt auf den Sehenswürdigkeiten Londons, über die die Lernenden ein Gespräch führen sollen. Die Lehrkraft stellt den Schüler*innen einen Link zum Klassenraum von fobizz sowie den Prompt bereit. Dieser kann als Arbeitsauftrag in das entsprechende Feld bei der Erstellung des Klassenraums bereits eingefügt werden, sodass die Schüler*innen diesen nur kopieren und in das Chat-Fenster einfügen müssen.
Die Lehrkraft gibt zuvor folgenden Prompt im Feld „Arbeitsauftrag" ein:

Du unterstützt mich beim Englischlernen.

Ich bin Schüler / Schülerin einer 6. Klasse aus Deutschland und ich möchte mehr über die Sehenswürdigkeiten Londons lernen. Mein Name ist Max / Anna und mein Sprachniveau ist A2.

Du bist ein Schüler einer 6. Klasse in London. Wir chatten auf Englisch über die Sehenswürdigkeiten deiner Stadt. Erzähl mir etwas und stell mir Fragen. Es soll ein Dialog entstehen. Wenn ich Fehler mache, dann korrigiere mich nett in deiner nächsten Antwort.

Starte mit einer Begrüßung.

Dialoge in einer Fremdsprache führen

guter Einstieg →

Hello Max, it's great to chat with you today! I'd be happy to tell you about some of the famous landmarks and attractions in London. What would you like to know first?

Kopieren

AN What is the Tauer of London?

Fehler wird implizit korrigiert

The Tower of London is one of the most famous landmarks in London. It's a historic castle that was built in the 11th century and has served many purposes over the years, including as a royal palace, a prison, and a place to store the Crown Jewels. Today, it's a popular tourist attraction where visitors can see the Crown Jewels, explore the castle's history, and even see the famous ravens that live there.

Kopieren

AN Thank you. Why are the raven famous?

The ravens at the Tower of London are famous because of a legend that says if they ever leave, the Tower and the kingdom will fall. As a result, the ravens are cared for by the Yeoman Warders (also known as Beefeaters) and have their wings clipped to prevent them from flying away. There are currently seven ravens living at the Tower, and they are considered an important part of its history and tradition.

Kopieren

gute Beschreibungen

AN What is the London Eye?

The London Eye is a giant Ferris wheel located on the South Bank of the River Thames in London, UK. It is also known as the Millennium Wheel and was built to celebrate the turn of the millennium. The wheel is 135 meters (443 feet) tall and has 32 capsules that can hold up to 25 people each. It offers panoramic views of the city and is one of the most popular tourist attractions in London.

Kopieren

AN Can you describe the ride in this Ferris wheel, please.

Yes, the ride on the London Eye Ferris wheel is a slow and smooth experience that takes about 30 minutes to complete one full rotation. The capsules are enclosed and air-conditioned, and passengers can walk around inside to enjoy the 360-degree views of London. The ride is designed to be comfortable and safe, and there are no sudden movements or drops. It's a great way to see the city from a unique perspective and take some amazing photos.

Kopieren

AN What does this mean: "smooth experience"

Begriffe werden auf Nachfrage erklärt

"Smooth experience" means that the ride is gentle and without any sudden or rough movements. It is a comfortable and easy experience without any jolts or bumps.

Kopieren

→ keine Rückfragen, keine Überleitungen

Screenshot von: tools.fobizz.com

Bewertung des Ergebnisses

Es wird hier aus Platzgründen exemplarisch nur der Anfang des Dialogs aufgeführt. Der Chatbot hält sich an die Aufforderung und schlüpft in die Rolle des Dialogpartners. Die Ansprache ist adressat*innengerecht und motivierend, der Einstieg ist gut gewählt.
Der Schreibfehler in der ersten Frage wird in der Antwort zwar nicht explizit korrigiert, aber verbessert aufgegriffen. Die Ausführungen sind inhaltlich korrekt und sprachlich angemessen formuliert. Auch die Länge der Antworten ist für die Zielgruppe passend. Selbst wenn einzelne Wörter oder Formulierungen nicht bekannt sind, können sich Schüler*innen diese über eine Nachfrage erklären lassen.
Ein negativer Aspekt ist, dass der Chatbot keine Rückfragen stellt bzw. andere Überleitungen herstellt, durch die ein flüssiges Gespräch entstehen könnte. Im Beispiel besteht eher eine einseitige Kommunikation, da der Chatbot Fragen gestellt bekommt und diese beantwortet. Nichts desto trotz entsteht durch die Anwendung der englischen Sprache bei den Schüler*innen ein Lerneffekt.

Möglicher Einsatz

Die Lernenden führen ihren individuellen Dialog mit der KI. Sollten nicht genug Geräte mit Internetzugang zur Verfügung stehen, können die Schüler*innen auch in Partner*innenarbeit mit der KI arbeiten.
Anschließend wird die Klasse in zwei Gruppen geteilt. Die Dialoge werden per Beamer projiziert, um sie der Klasse zu präsentieren. Eine der Gruppen bekommt die Aufgabe, die sprachlichen Formulierungen des*der jeweiligen Lernenden sowie der KI zu überprüfen und zu bewerten. Die andere Gruppe überprüft die Fakten auf ihre Richtigkeit. Abschließend stellen jeweils zwei Schüler*innen der einzelnen Gruppen ihre Erkenntnisse vor.

Mögliche Weiterführung

Es gibt viele Möglichkeiten, das Führen von Dialogen in den Unterrichtsalltag zu integrieren. Es könnte z. B. eine Art Ritual sein, einmal in der Woche mit einem virtuellen Chatpartner zu kommunizieren. Eine andere Möglichkeit wäre es, dass man am Ende der Unterrichtseinheit die Rollen der Dialogpartner*innen tauscht, sodass nun die Schüler*innen die Expert*innen sind und die KI die Rolle des Lernenden einnimmt. Hierbei könnten die Schüler*innen ihr erlerntes Wissen präsentieren und üben, wie man sprachlich und inhaltlich korrekt auf die Fragen der KI antwortet.

Stilkorrektur durchführen

Szenario

Lehrkräfte haben zur Aufgabe, ihre Schüler*innen dazu zu befähigen, sich adressat*innen-gerecht und textsortenspezifisch schriftsprachlich auszudrücken. Dies spielt insbesondere im Deutsch- und Fremdsprachenunterricht eine Rolle, kann aber auch in anderen Fächern relevant sein. Schüler*innen lernen mit der Zeit, dass Texte in mehreren Stadien entstehen und es somit sinnvoll ist, zunächst einen Entwurf zu verfassen, der in einem zweiten Schritt inhaltlich und strukturell überarbeitet wird. Die abschließende Korrektur von Rechtschreibung, Zeichensetzung, Grammatik sowie Stilistik unterliegt häufig der Lehrkraft, um den Schüler*innen ein gewinnbringendes Feedback geben zu können. Je nach Länge des Textes kann es zeitlich sehr aufwendig sein, die Texte einer ganzen Klasse adäquat zu korrigieren.
Eine Alternative kann es sein, dass man auf KI-Tools zurückgreift, um den Schreibstil der Schüler*innen zu verbessern. Hierfür ist das KI-Tool DeepL Write besonders hilfreich, da die Schüler*innen selbstständig ihre Texte einfügen und korrigieren lassen können. Dies erspart der Lehrkraft Zeit und bietet den Lernenden eine intensive Auseinandersetzung mit ihren verfassten Texten.

Beispiel

Die Schüler*innen einer 8. Klasse bekommen die Aufgabe, über das Bauhaus zu schreiben. Sie verfassen einen ersten Entwurf ihres Textes in einem Textverarbeitungsprogramm, überarbeiten diesen anschließend sowohl inhaltlich als auch sprachlich und fügen ihn dann in das KI-Tool DeepL Write ein. Der Originaltext in der linken Spalte wird in der rechten Spalte überarbeitet angezeigt.

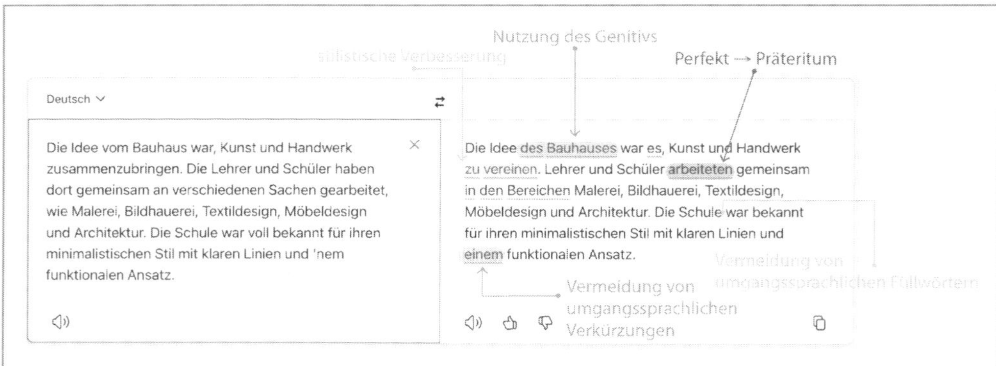

Screenshot von: deepl.com/de/write

Bewertung des Ergebnisses

Die vorgenommene Stilkorrektur überzeugt. Der vorgeschlagene Text wirkt konziser, nutzt den Genitiv und vermeidet umgangssprachliche Formulierungen, Füllwörter und Verkürzungen. Der Stil wird an mehreren Stellen verbessert, so wird beispielsweise das Verb „zusammenbringen" durch „vereinen" und das Nomen „Sachen" durch „Bereiche" ersetzt. Das umgangssprachliche „nem" wird zum grammatisch korrekten Artikel „einem" umgeformt. Das Perfekt, das charakteristisch in der mündlichen Kommunikation

verwendet wird, wurde von der KI durch das Präteritum ersetzt, das für schriftliche Texte passender ist. DeepL Write bietet zudem die Möglichkeit, die einzelnen Verbesserungsvorschläge (unterstrichene Wörter) anzuklicken, um alternative Formulierungen auszuwählen.

Möglicher Einsatz

Die Schüler*innen verwenden die überarbeitete Version des Textes, um ihren eigenen Text in dem Textverarbeitungsprogramm zu korrigieren. Sie gleichen die verschiedenen Passagen ab, um Unterschiede aufzudecken, und klicken die unterstrichenen Wörter an, um sich die alternativen Formulierungen anzusehen. So können die Lernenden abwägen, ob sie bei ihrer selbst gewählten Formulierung bleiben, die direkte Überarbeitung der KI oder sogar den alternativen Vorschlag wählen. In jedem Fall sollten sich die Schüler*innen kritisch mit den Überarbeitungen auseinandersetzen, um fehlerhafte Korrekturen zu vermeiden.

Um ihren Schreibstil nachhaltig zu verbessern, bietet es sich an, dass die Schüler*innen individuelle Wortlisten führen, in denen sie die verschiedenen alternativen Formulierungen aufführen können. Dadurch verbessern sie nicht nur den Stil eines einzelnen Textes, sondern bauen gleichzeitig einen Wortschatz auf, der ihnen langfristig dabei hilft, qualitative Texte zu verfassen.

Szenario

Der Umgang mit verschiedenen Textsorten ist bereits früh Teil des Lehrplans. Das Verfassen von kreativen Texten ist insbesondere Bestandteil des Deutsch- und Fremdsprachenunterrichts, kann aber ebenso in anderen Fächern, z. B. im Religions- oder Ethikunterricht, Anwendung finden. Darüber hinaus bietet natürlich der Theaterunterricht bzw. Darstellendes Spiel einen geeigneten Rahmen, kreative Texte zu erstellen und darüber hinaus passende Szenen zu erproben. Dies bietet den Schüler*innen die Möglichkeit, neue Gestaltungsmittel kennenzulernen und den Umgang mit kreativen Texten praktisch zu üben.
Eine Herausforderung für die Lehrkraft besteht darin, Texte als Vorlagen zu erstellen und adäquat aufzubereiten, sodass diese von den Lernenden szenisch dargestellt werden können. Naheliegend ist, dass man klassische Textstücke verwendet und diese den Schüler*innen bereitstellt. Motivierender ist es jedoch, wenn die verwendeten Texte thematisch und stilistisch individuell an die Lerngruppe angepasst sind. Hierfür muss entweder die Lehrkraft die gewünschten klassischen Texte eigenständig überarbeiten oder die Schüler*innen müssen mit Hilfestellungen seitens der Lehrkraft das Überarbeiten übernehmen.
Durch die Verwendung von KI kann hier Abhilfe geschaffen werden: Nicht nur das Thema eines Textes kann mithilfe von KI-Tools geändert werden, sondern auch das Genre, sodass klassische Texte zu ganzen Geschichten, Gedichten, Liedtexten oder sogar Produktbeschreibungen oder Werbetexten werden können. Nicht nur die Lehrkraft kann KI-Tools wie ChatGPT dafür zu Hilfe nehmen, sondern auch die Lernenden. So werden die Schüler*innen nicht nur befähigt, mit KI-Tools zu arbeiten, sondern sie können selbst eine große Bandbreite an kreativen Textvorlagen für die Weiterarbeit generieren.

Beispiel

Im Anschluss an einen Besuch im Theater, bei dem das Stück „Macbeth" angesehen wurde, soll eine Leistungsüberprüfung erfolgen. Diese soll eine spielpraktische Prüfung sein. Hierzu wird der Theaterkurs zunächst aufgefordert, eine Szene zu benennen, die als besonders beeindruckend, witzig oder auch irritierend wahrgenommen wurde. Anschließend werden die Schüler*innen aufgefordert, die ausgewählte Szene umzuschreiben. Hierbei darf sowohl die Handlung als auch das Genre abgeändert werden. Die Lernenden werden beauftragt, ChatGPT hierfür zu verwenden. Das finale Ergebnis wird zusammen mit den Prompts abgegeben. Im letzten Arbeitsschritt bewerten die Lernenden ihr Ergebnis.
Die Lehrkraft stellt den Schüler*innen folgenden Prompt zur Verfügung:

Du erstellst eine Spielvorlage für eine Theateraufführung und ergänzt die Regieanweisungen (Mimik, Gestik, Proxemik, Tonfall und Handlung).

Die Vorlage ist das Stück „Macbeth" von William Shakespeare. Deine Aufgabe ist es, eine Szene in das gewünschte Genre umzuschreiben.

Schreibe Akt 1 Szene 1 um. Die Exposition der Hexen soll bei der Spielvorlage im Fokus stehen.

Das Genre ist eine Komödie und stellt einen Konflikt zwischen der Generation Gen Z und der Generation der Babyboomer dar.

ChatGPT

Titel: "Macbeth in der Highschool: Die Hexen kommen" ← wenig aussagekräftig

Szene: Ein Schulhof an einem sonnigen Tag.

Regieanweisungen:

Die Bühne zeigt einen typischen Schulhof mit Bänken, einem Basketballkorb und einer Gruppe von Schülern, die in ihren Pausen beschäftigt sind. In der Mitte der Bühne steht eine Gruppe von drei Hexen, gekleidet in skurrile Schuluniformen, die einen Hauch von Magie ausstrahlen. Sie sind die heimlichen Stars dieser Szene.

gute Regieanweisung

Schüler 1: *(mit einem Handy in der Hand, aufgeregt)* Hey, hast du das schon gehört? Die neuen Lehrer sollen total altmodisch sein.

Schüler 2: *(skeptisch)* Pff, na toll. Als ob wir nicht schon genug Druck von den Babyboomern kriegen.

direkte Erwähnung → besser: Bezug zu Erwachsenen, z.B. den Lehrkräften

Schüler 3: *(grinsend)* Vielleicht können sie uns noch etwas über Dinosaurier beibringen!

realistischer Witz seitens der Gen Z, sehr passend zur Komödie

Die Hexen treten langsam nach vorne, mit einem geheimnisvollen Grinsen auf ihren Gesichtern.

Hexe 1: *(mit theatralischem Tonfall)* Hört, hört, ihr jungen Knospen! Seid gewarnt vor den altmodischen Mächten, die sich über die Korridore dieser Schule ausbreiten!

Hexe 2: *(mit übertriebenen Gesten)* Die Babyboomer-Lehrer nähern sich, mit ihren antiquierten Ideen und ihrem starren Blick!

Hexe 3: *(verschwörerisch)* Doch fürchtet euch nicht, ihr frischen Geister! Denn wir, die mächtigen Hexen des Schulhofs, werden euch mit Rat und Zauber zur Seite stehen! ← entspricht dem Original

Schüler 1: *(fasziniert)* Wow, seid ihr Cosplayer oder so?

Schüler 2: *(begeistert)* Das ist ja wie in einem Film! ← ansprechende Witze

Schüler 3: *(mit einem Augenzwinkern)* Vielleicht können sie uns einen Zaubertrank geben, um Mathe zu bestehen.

Die Hexen führen eine choreografierte Tanzbewegung aus, die einen Mix aus Hip-Hop und alchemistischen Gesten darstellt.

unklar, „alchemistische Gesten" existieren nicht

Hexe 1: *(mit einem Augenzwinkern)* Wer Mathe bestehen will, muss mehr als nur Zauberei beherrschen, junger Schüler!

Hexe 2: *(lachend)* Doch für diejenigen, die wirklich Hilfe benötigen, haben wir einen besonderen Trank...

Hexe 3: *(ernsthaft)* Doch nehmt euch in Acht vor den Prophezeiungen, die das Schicksal lenken!

Schüler 1: *(neugierig)* Prophezeiungen? Wie in diesen alten Legenden?

Schüler 2: *(skeptisch)* Ihr meint, wir könnten unsere Zukunft vorhersagen?

Schüler 3: *(gespannt)* Erzählt mehr, oh mächtige Hexen! → zu vage

Die Hexen beginnen, ihre Prophezeiungen mit theatralischer Geste zu verkünden, während im Hintergrund die Schüler gebannt lauschen.

Hexe 1: *(dramatisch)* Hört, hört, die Prophezeiung lautet: Auf dem Höhepunkt des Abschlussballs, wird ein König gekrönt... → entspricht dem Original

Hexe 2: *(geheimnisvoll)* Doch seid gewarnt, denn Intrigen und Verrat werden euren Weg begleiten...

Hexe 3: *(bedrohlich)* Und Blut wird fließen, bevor die Sonne wieder aufgeht...

Schüler 1: *(skeptisch)* Ihr meint, auf unserem Abschlussball wird jemand zum König gekrönt?

Schüler 2: *(fasziniert)* Das klingt nach einem schlechten Teenie-Film!

Schüler 3: *(lachend)* Na, ich hoffe, ich bin der König! → passt zum Genre Komödie

Die Schüler und die Hexen verschmelzen in einem absurden, aber unterhaltsamen Moment, während die Szene endet. → sehr vage, keine konkrete Regieanweisung

Ende der Szene. → Es wird nicht klar, welche Absichten die Hexen wirklich haben.

Screenshot von: chatgpt.com

Bewertung des Ergebnisses

ChatGPT gibt eine Spielvorlage der gewünschten Szene aus, die im gewünschten Genre formuliert ist. Die Exposition steht wie gefordert im Fokus. Die KI fügt verschiedene Regieanweisungen hinzu. Die Anweisung zu Beginn der Szene ist treffend und verständlich formuliert, auch die Anweisungen bzgl. der Art und Weise, wie die Schüler*innen agieren sollen, sind sehr passend und aufschlussreich. Die übrigen Regieanweisungen sind jedoch sehr vage formuliert und teilweise verwirrend, wie beispielsweise die Formulierung „alchemistische Gesten". Auch die letzte Anweisung, bevor die Szene endet, gibt keinen Aufschluss darüber, wie genau die Schüler*innen die Bühne verlassen sollen.
Insbesondere die drei Rollen der Schüler*innen sind mit einer witzigen Art ausgestaltet, die zum Genre Komödie passt. Die Witze sind für das Alter der Lernenden, also die Generation Z, realistisch und ansprechend und passen dementsprechend sehr gut in die umgeschriebene Szene.
Angelehnt an das Original werden die Hexen als die verführende Macht dargestellt. Das Angebot, dass sie den Schüler*innen mit Rat und Tat zur Seite stehen, und die Erwähnung des Trankes spiegeln diesen Aspekt wider. Auch die Tatsache, dass sie eine Prophezeiung verkünden, entspricht Akt 1, Szene 1 aus dem Stück „Macbeth". Allerdings ist auffallend, dass in der von ChatGPT umgeschriebenen Szene nicht deutlich wird, ob die Hexen wie im Original die Schüler*innen zu schlechten Handlungen verführen wollen.
Ein weiterer negativer Punkt ist, dass die geforderte Thematik nur kurz zu Beginn der Szene erwähnt und im Weiteren außen vor gelassen wird. Der Konflikt zwischen der Generation der Babyboomer und Generation Z wird nicht deutlich thematisiert, lediglich zu Beginn der Szene wird ersichtlich, dass die Schüler*innen eine gewisse Abneigung gegen die Art der Erwachsenen zeigen. Dies entspricht nicht den Anforderungen.

Zusammenfassend können die Schüler*innen die ausgegebene Szene aber als gute Grundlage für die Weiterarbeit verwenden und parallel üben, Textstücke zu schreiben, zu bearbeiten und adäquat zu ergänzen.

Möglicher Einsatz

Die Schüler*innen verwenden ChatGPT, um sich die entsprechende Szene umschreiben zu lassen. Sie kopieren die generierte Spielvorlage und fügen diese in ein Textverarbeitungsprogramm ein, um sie dort zu bearbeiten. Da es sich um eine Leistungsüberprüfung handelt, geschieht dies in Einzelarbeit.
Die Bearbeitung der Szene wird von den Schüler*innen detailliert dokumentiert. Darüber hinaus fügen sie Erklärungen zu ihren Bearbeitungen der Dokumentation hinzu. So kann die Lehrkraft die Hintergründe der Änderungen nachvollziehen und adäquat bewerten.
Anschließend bekommen die Schüler*innen die Aufgabe, eine kurze Bewertung des von der KI generierten Ergebnisses zu verfassen.
Die abschließende spielpraktische Prüfung erfolgt in Gruppenarbeit. Je nach Größe des Kurses können entweder – wie im obigen Beispiel – sechs Personen in einer Gruppe sein oder aber auch vier, so wie es im Original der Fall ist. Die Lernenden einigen sich auf eine Spielvorlage, üben die Texte und spielen die Szene anschließend der Klasse vor.
Zu beachten ist, dass die Leistungsbewertung anhand der Texte, die die Schüler*innen jeweils abgeben, sowie an der schauspielerischen Leistung erfolgen muss. Wessen Spielvorlage für die spielpraktische Prüfung ausgewählt wurde, darf hierbei nicht miteinbezogen werden.

Schreibkompetenz entwickeln

Szenario

Viele Diskussionen rund um die Verwendung von textgenerierenden KI-Tools in der Schule drehen sich um Verminderung der Eigenleistung seitens der Lernenden. Die Wahrscheinlichkeit, dass Arbeitsergebnisse von Schüler*innen zukünftig mithilfe von KI angefertigt werden, steigt. Dementsprechend liegt die Vermutung nahe, dass die Möglichkeiten, Schreibkompetenz zu entwickeln und zu erweitern, weniger werden. Deshalb stellt sich die Frage, wie Schüler*innen ihre Schreibkompetenz auch in Zukunft weiterentwickeln können, obwohl es die Möglichkeit gibt, mithilfe von KI schnelle Ergebnisse zu generieren. Da sich Schreibkompetenz nicht nur durch das reine Schreiben eines Textes entwickelt, sondern auch durch regelmäßiges Feedback und den Austausch über den Schreibprozess, besteht die Möglichkeit, statt dem Ergebnis den Prozess bei der Ausbildung der Schreibkompetenz in den Vordergrund zu stellen. Während zuvor der fertige Text bewertet wurde, kann nun der Schreibprozess in den Blick genommen werden, um diesen zu optimieren und dadurch die Schreibkompetenz zu erweitern.
Durch die Verwendung von KI-Tools wie ChatGPT kann den Schüler*innen ein Tandempartner zur Seite gestellt werden, der sie aktiv beim Schreiben von Texten betreut und anleitet. Diese Form der 1-zu-1-Betreuung wirkt unterstützend im Schreibprozess, indem die Schüler*innen ihre Texte im direkten Dialog vervollständigen und überarbeiten können.

Beispiel

Im Fach Wirtschaft einer 11. Klasse wird das Thema „Spekulationsblasen und deren Bildung“ behandelt. Die Lehrkraft gibt der Klasse die Aufgabe, einen Aufsatz zum Thema anzufertigen. Um den Schüler*innen eine 1-zu-1-Betreuung zu ermöglichen und den Prozess des Schreibens zu unterstützen, sollen sie ihre Texte in Zusammenarbeit mit ChatGPT erstellen. Die Aufgabe besteht dementsprechend nicht nur darin, einen Text zu schreiben, sondern auch, den Dialog mit der KI zu dokumentieren.
Damit die Lernenden den ersten Prompt adäquat formulieren können, stellt die Lehrkraft eine Anleitung zur Verfügung. Diese kann aus den folgenden Punkten bestehen und beliebig überarbeitet und ergänzt werden:

1. Überlege, welche Rolle die KI einnehmen soll. Wer könnte dich bestmöglich unterstützen?
2. Konkretisiere, worum es geht und wie dir die KI helfen kann. Um welches Thema handelt es sich? Was ist deine Aufgabe?
3. Formuliere, was du von der KI erwartest. Welche Antwort benötigst du? Welche Art von Information könnte dir helfen?

Die Lehrkraft gibt folgenden Prompt als Beispiel vor:

Du bist ein*e Wirtschaftsjournalist*in einer Tageszeitung und bist bekannt für deine provokanten Titel. Dein Schreibstil ist eloquent und du vermagst es, Menschen jedweder parteilichen Zugehörigkeit zu provozieren.

Schreibkompetenz entwickeln

Du coachst mich bei der Erstellung eines Aufsatzes zum Thema „Spekulationsblasen damals und heute".

Du leitest mich Schritt für Schritt an, gibst mir Feedback und Tipps und erteilst mir sinnvolle Rechercheaufträge.
Es soll ein Aufsatz zu dem Thema angefertigt werden, der verschiedene Formen von Spekulationsblasen darstellt, deren Entstehung beleuchtet, mögliche Funktionen aufdeckt und kritisch Stellung nimmt.

passender Einstieg

Einleitung

Gut, um loszulegen, lass uns zunächst den Begriff "Spekulationsblase" definieren. Eine Spekulationsblase ist eine Art von Marktphänomen, bei dem der Preis eines Vermögenswertes oder einer Anlage stark ansteigt, in der Regel aufgrund von übermäßigem Enthusiasmus oder Gier seitens der Marktteilnehmer. Der Wert des Vermögenswertes steigt über sein eigentliches Potenzial hinaus und ist oft nicht durch fundamentale Faktoren gestützt, wie zum Beispiel das tatsächliche Angebot und die Nachfrage nach dem Vermögenswert.

Historisch gesehen gab es eine Vielzahl von Spekulationsblasen, die die Wirtschaft und die Finanzmärkte beeinflusst haben. Die bekanntesten Beispiele sind der Tulpenwahn in den Niederlanden im 17. Jahrhundert, die südseeische Blase im 18. Jahrhundert und die Dotcom-Blase in den späten 1990er Jahren. Jede dieser Blasen hatte ihre eigene Dynamik und Auswirkungen auf die Wirtschaft.

Beispiele

sinnvolle Empfehlung

Empfehlungen zur Strukturierung

Um nun deinen Aufsatz zu strukturieren, empfehle ich, dass du dich zuerst auf die Entstehung von Spekulationsblasen konzentrierst. Schau dir an, welche Faktoren eine Rolle spielen und welche Auswirkungen diese auf die Märkte haben können. Zum Beispiel könntest du untersuchen, welche Rolle das Verhalten von Investoren spielt, welche Rolle das Angebot und die Nachfrage spielen und welche Rolle die Verfügbarkeit von Krediten und die Zinssätze haben.

Beispiele für Faktoren

Formen von Spekulationsblasen

Als nächstes solltest du die verschiedenen Formen von Spekulationsblasen betrachten. Es gibt beispielsweise Immobilienblasen, Aktienblasen und Rohstoffblasen. Es lohnt sich, sich mit jeder dieser Blasenarten näher zu befassen, um zu sehen, wie sie entstehen und welche Auswirkungen sie haben können.

Erklärung für die Empfehlung

Wenn du dich dann mit den verschiedenen Arten von Spekulationsblasen befasst hast, solltest du einen kritischen Blick auf deren mögliche Funktionen werfen. Welche Rolle spielen sie in der Wirtschaft? Wie beeinflussen sie die Märkte und die Investoren? Welche Auswirkungen haben sie auf die Gesellschaft insgesamt?

gut: 1) Beschäftigung mit den Arten von Spekulationsblasen, 2) kritische Auseinandersetzung damit inkl. Ideen dazu

Fragen zur Orientierung für die Stellungnahme

Schließlich solltest du in deinem Aufsatz eine kritische Stellungnahme zu Spekulationsblasen einnehmen. Sind sie eine legitime Form des Handels oder sind sie ein Symptom für größere Probleme in der Wirtschaft? Gibt es Möglichkeiten, sie zu vermeiden oder zu mildern? Welche Rolle spielen Regierungen und Regulierungsbehörden dabei?

sinnvolle Rechercheaufträge

Bei deiner Recherche solltest du verschiedene Quellen heranziehen, wie beispielsweise akademische Studien, Wirtschaftsberichte und Zeitungsartikel. Versuche auch, Experten auf dem Gebiet zu interviewen, um ein besseres Verständnis für das Thema zu bekommen.

Ich hoffe, diese Anleitung hat dir geholfen, deine Arbeit zu strukturieren. Wenn du weitere Fragen hast oder Feedback benötigst, stehe ich gerne zur Verfügung. ← gute Strukturierung, orientiert an Konzept „Einleitung, Hauptteil, Schluss"

Spekualtionsblasen entstehen dann, wenn verschiedene Marktmechanismen zusammen kommen. Neue investierbare Märkte, gefühlte Knappheit, bzw ein Angebot das nicht schnell genug gesteigert werden kann, Buchgewinne und das alle davon erzahlen.

Genau, du hast einige wichtige Punkte angesprochen, die zur Entstehung von Spekulationsblasen beitragen können.

motivierende Überleitung (wie bei einem Coaching)

Erstens, das Vorhandensein neuer investierbarer Märkte kann dazu führen, dass Anleger vermehrt ihr Geld in diese Märkte stecken. Wenn es eine gewisse Aufregung und Erwartung gibt, dass diese neuen Märkte hohe Renditen bieten könnten, steigt das Interesse der Investoren und das Kapital fließt in diese Vermögenswerte.

Zweitens, das Gefühl der Knappheit kann die Nachfrage nach bestimmten Vermögenswerten erhöhen. Wenn Anleger das Gefühl haben, dass es ein begrenztes Angebot an einem Vermögenswert gibt und dass dieser in Zukunft noch knapper werden könnte, steigt die Nachfrage und damit auch der Preis. Das wiederum zieht weitere Investoren an, die von den steigenden Preisen angelockt werden.

Zusammenfassung des zuvor Gesagten des*der Lernenden + Details dazu

Ein weiterer Faktor ist die Möglichkeit von Buchgewinnen. Wenn Anleger sehen, dass die Preise eines Vermögenswertes rasch steigen, können sie davon ausgehen, dass sie Gewinne erzielen können, indem sie diesen Vermögenswert kaufen und später zu einem höheren Preis verkaufen. Dieser "Herdenmentalität" folgend, steigen immer mehr Investoren in den Markt ein und treiben die Preise weiter nach oben.

Darüber hinaus spielt die Verbreitung von Informationen und Empfehlungen eine Rolle. Wenn Investoren von anderen hören, die bereits hohe Renditen erzielt haben, werden sie dazu ermutigt, selbst in den Markt einzusteigen. Das kann zu einem regelrechten Hype führen, bei dem immer mehr Menschen von den potenziellen Gewinnen erfahren und sich beteiligen wollen.

Inhalt

Empfehlungen

Es ist wichtig, in deinem Aufsatz diese verschiedenen Faktoren zu analysieren und zu diskutieren, wie sie zusammenwirken, um Spekulationsblasen entstehen zu lassen. Denke auch daran, verschiedene Beispiele aus der Geschichte zu verwenden, um deine Argumentation zu unterstützen.

betont, was wichtig ist

sinnvoller Rechercheauftrag

Bei der Recherche könntest du dich auf Fallstudien konzentrieren, die Spekulationsblasen der Vergangenheit untersuchen, wie zum Beispiel die Dotcom-Blase oder die Immobilienblase vor der Finanzkrise 2008. Analysiere, welche Faktoren zu diesen Blasen geführt haben und welche Auswirkungen sie hatten. Betrachte auch aktuelle Markttrends und analysiere, ob sich möglicherweise neue Spekulationsblasen entwickeln. ← mit Blick auf die Zukunft

Formen von Spekulationsblasen

Wenn du weitere Fragen hast oder Unterstützung bei der Recherche benötigst, stehe ich gerne zur Verfügung.

Screenshot von: chatgpt.com

Bewertung des Ergebnisses

ChatGPT liefert eine dem Prompt angemessene Antwort. Die KI verwendet wie gefordert einen eloquenten Schreibstil, stellt sinnvolle Rechercheaufträge und erwähnt

verschiedene Formen von Spekulationsblasen, wie z. B. Immobilien-, Aktien- sowie Rohstoffblasen. Nach einer Einleitung zum Thema, wie man sie bei einem realen Coaching erwarten könnte und die erste Beispiele enthält, folgen passende Empfehlungen zur Strukturierung des Aufsatzes. Die Empfehlung, die Entstehung von Spekulationsblasen als Einstiegsthema für den Aufsatz zu verwenden, wird detaillierter erklärt und mit Beispielen für die verschiedenen Faktoren unterstrichen.
Auch der zweite Teil der Konversation, in dem die KI auf die Anmerkung des*der Schülers*Schülerin reagiert, überzeugt durch die vorgeschlagene Strukturierung für den Aufsatz. Diese orientiert sich an dem Konzept von Einleitung, Hauptteil und Schluss und erwähnt zudem praktische Quellen, die konsultiert werden können. Der Vorschlag, Expert*innen dieses Fachgebiets zu interviewen, ist sinnvoll gewählt, müsste aber zeitlich entsprechend eingeplant werden.
ChatGPT ermutigt den*die Schüler*in, sich im Rahmen des Aufsatzes auch kritisch mit den Rechercheergebnissen auseinanderzusetzen. Darüber hinaus werden Ideen geliefert, auf welcher Basis eine solche Auseinandersetzung erfolgen könnte
Durch motivierende Überleitungen lässt sich die KI tatsächlich als Coach erkennen. Zuvor durch den*die Schüler*in erwähnte Aspekte werden aufgegriffen und fachsprachlich korrekt wiedergegeben, ohne Unverständlichkeit hervorzurufen. Relevante Aspekte werden besonders hervorgehoben.
Zu bedenken ist, dass der Umfang überwältigend für die Lernenden sein könnte, allerdings wären eine eigenständige Recherche über diverse Suchmaschinen und die Strukturierung des Aufsatzes mindestens ebenso umfangreich und aufwendig.
Die Aufgabe der Lehrkraft wird es stets sein, die Schüler*innen dazu zu motivieren, der KI möglichst konkret aufzutragen, wie sie unterstützt werden wollen. Außerdem sollen die Schüler*innen für sich entscheiden, ob der gesamte Arbeitsprozess dialogisch gestaltet oder ob entsprechend einer Anleitung Schritt für Schritt vorgegangen werden soll.

Möglicher Einsatz

Die Schüler*innen formulieren anhand des Beispiels ihre eigenen Prompts und geben diese auf den Endgeräten bei ChatGPT ein. Sollten nicht ausreichend Endgeräte zur Verfügung stehen, sodass die Schüler*innen einzeln daran arbeiten können, ist es auch möglich, dass die Lernenden die Aufgabe zu zweit bearbeiten. Die Lehrkraft sollte die Lernenden dazu ermutigen, den Prompt so lange zu bearbeiten, bis sie mit den generierten Ergebnissen zufrieden sind.
Anschließend führen die Lernenden ihre Dialoge mit der KI. Da ChatGPT eine unterstützende Rolle einnimmt und den Schüler*innen Tipps gibt und Aufträge erteilt, ist es sinnvoll, dass die Lernenden während des Dialogs den erforderlichen Text skizzieren, indem sie die Tipps verinnerlichen und die Aufträge bearbeiten. Parallel sollte der Dialog mit der KI dokumentiert werden, um diesen im Anschluss besprechen und reflektieren zu können.
Abschließend bleibt es notwendig, dass die Schüler*innen ihre Texte ausformulieren, um das Gelernte anzuwenden und so ihre Schreibkompetenz weiterzuentwickeln. Die erstellten Texte können in Verbindung mit dem dokumentierten Dialog im Plenum präsentiert und besprochen werden. Die Lehrkraft sollte hierbei transparent machen, dass nicht nur das Ergebnis von Bedeutung ist, sondern auch der Prozess, also die Auseinandersetzung mit der KI über das Thema.

Interaktive Rätsel erstellen

Szenario

Als Lehrkraft steht man ständig vor der Herausforderung, einen aktivierenden und motivierenden Unterricht zu gestalten. Das gilt im Prinzip für alle Fächer und Klassenstufen. Rätsel stellen eine Methode dar, die nicht nur das Wissen der Schüler*innen abfragt, sondern gleichzeitig Spaß macht und die Lernenden somit motiviert. Es gibt zahlreiche Möglichkeiten, um bereits erstellte Rätsel zu einem bestimmten Thema zu erwerben. Dies erfordert jedoch Recherchearbeit seitens der Lehrkraft und ist darüber hinaus kostspielig. Außerdem kann ein Rätsel nur einmalig in einer Lerngruppe eingesetzt werden. Deshalb kann es zu einem bestimmten Zeitpunkt notwendig werden, dass die Lehrkraft eigenständig Rätsel zum Unterrichtsthema erstellt. Insbesondere dann, wenn erwerbbare Rätsel nicht exakt die Thematik abdecken, die die Lehrkraft mit ihrer Klasse behandeln möchte, muss die Lehrkraft kreativ werden.
Immer beliebter werden auch interaktive Rätselformen. Hierbei ist es besonders hilfreich, wenn jede*r einzelne Lernende das interaktive Rätsel für sich bearbeiten kann, um sein*ihr individuelles Lernen optimal zu fördern. Auch das Durchführen des Rätsels in Partner*innenarbeit oder einer Kleingruppe ist eine Möglichkeit und fördert zudem das gemeinsame Lernen, den Austausch untereinander sowie das Arbeiten im Team. Interaktive Rätsel lassen sich genauso wie normale Rätsel in jedem Fach und jeder Klassenstufe einsetzen, was eine Vielfalt an Möglichkeiten in der Anwendung eröffnet.
Das Erstellen von interaktiven Rätseln erfordert noch mehr Aufwand als das Erstellen von anderen Rätselformaten. Insbesondere in technischer Hinsicht muss sich die Lehrkraft in die Optionen einarbeiten, die es gibt, um interaktive Rätsel zu erstellen. Und auch hier muss sie die Themen jeweils aufarbeiten und in das Rätsel integrieren. Um den Aufwand zu verringern und den Schüler*innen dennoch ein Rätsel zur Verfügung zu stellen, mithilfe dessen sie ihr Wissen spielerisch überprüfen können, kann ChatGPT verwendet werden. Durch die Verwendung des KI-Tools kann jedem*jeder Lernenden bzw. einer Kleingruppe ein individueller Lernpartner bereitgestellt werden, der die Gestaltung des interaktiven Rätsels und die Moderation dessen übernimmt.

Beispiel

In einer 5. Klasse werden im Fach Erdkunde die 16 Bundesländer Deutschlands behandelt. Die Schüler*innen haben sich im Verlauf der Unterrichtsreihe intensiv mit dem Thema auseinandergesetzt und die wichtigsten Aspekte gelernt. Um einen aktivierenden und motivierenden Unterrichtseinstieg für die nächste Stunde der Unterrichtseinheit zu gewährleisten, möchte die Lehrkraft zu Beginn dieser Stunde ein interaktives Rätsel zum Thema „Die Bundesländer Deutschlands" einbauen.
Die Lehrkraft gibt folgenden Prompt bei ChatGPT ein:

Erstelle ein interaktives Rätsel zu einem der 16 Bundesländer der Bundesrepublik Deutschland.

Das Rätsel soll von Schüler*innen einer 5. Klasse gelöst werden, die das Thema gerade im Erdkundeunterricht behandeln.

Interaktive Rätsel erstellen

Die Lösung, die die Schüler*innen geben sollen, ist der Name des gesuchten Bundeslandes. Gib ihnen in einem ersten Satz einen Hinweis zum gesuchten Bundesland. Der Hinweis darf nicht zu offensichtlich sein. Die Schüler*innen dürfen dann insgesamt drei Nachfragen stellen. Beantworte jeweils die Frage mit einer kurzen Antwort, ohne dass du die Lösung verrätst. Nach dem letzten Hinweis müssen die Schüler*innen ihren Lösungsvorschlag eingeben. Gib dann eine Rückmeldung, ob die Lösung korrekt ist. Wenn die Lösung korrekt ist, lobe die Schüler*innen. Wenn die Lösung falsch ist, gib die korrekte Lösung aus und muntere die Schüler*innen auf.

Starte mit einer kurzen Begrüßung und dem ersten Hinweis zu dem gesuchten Bundesland.

unterstreicht Rätselumgebung

möglicherweise nicht hilfreich bzw. verwirrend

verdeutlicht Konzept des interaktiven Rätsels

Herzlich willkommen zum interaktiven Bundesländer-Rätsel! Ich werde euch Hinweise geben, um herauszufinden, um welches Bundesland es sich handelt. Das gesuchte Bundesland ist bekannt für seine wunderschönen Seen und seine Landeshauptstadt, die als "Venedig des Nordens" bezeichnet wird. Viel Spaß beim Rätseln!

Fragt mich, wenn ihr eine Frage habt.

MI: Ist das Bundesland im Norden oder im Süden?

Das Bundesland befindet sich im Norden Deutschlands.

MI: Befindet sich das Bundesland an der Nord- oder Ostsee?

Das Bundesland befindet sich an der Ostsee.

MI: Ist die Hauptstadt Schwerin?

Ja, die Hauptstadt des gesuchten Bundeslandes ist Schwerin.

MI: Das Bundesland heißt Mecklenburg-Vorpommern.

lobende Worte

Herzlichen Glückwunsch! Du hast das Rätsel erfolgreich gelöst! Das gesuchte Bundesland ist in der Tat Mecklenburg-Vorpommern. Sehr gut gemacht!

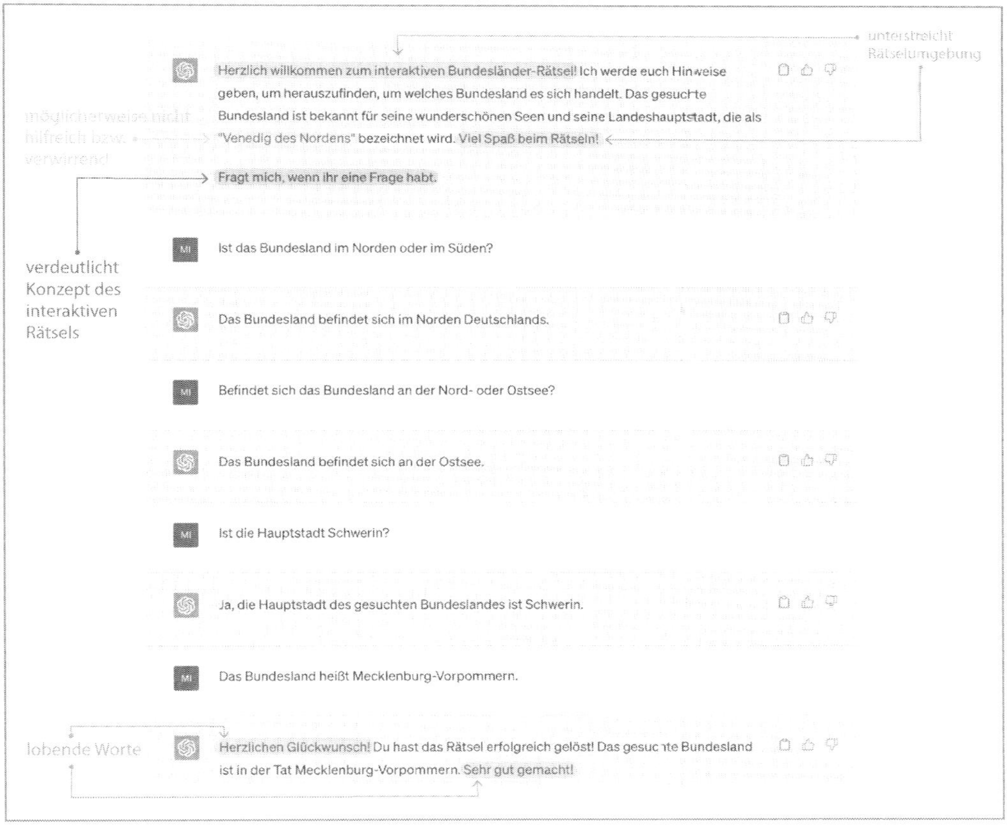

Screenshot von: chatgpt.com

Bewertung des Ergebnisses

Das von ChatGPT erstellte Rätsel entspricht den im Prompt gegebenen Anforderungen. Es wird eine nette Begrüßung formuliert und ein einleitender Hinweis gegeben. Hierbei muss angemerkt werden, dass die Formulierung „Venedig des Nordens" ggf. irritierend sein kann, da es verschiedene Städte gibt, die sich mit diesem inoffiziellen Titel schmücken. Es muss also bedacht werden, dass ChatGPT möglicherweise Hinweise gibt, mit denen die Schüler*innen nichts anfangen können.
Der Vorschlag, Fragen zu stellen, spiegelt das Konzept wider, das diesem interaktiven Rätsel zugrunde liegt: Die Lernenden bekommen einen Hinweis, dann werden Fragen gestellt und von der KI beantwortet, bevor eine finale Antwort durch die Lernenden gegeben wird.
Auf die gestellten Fragen antwortet das Programm und auf die eingegebene Antwort wird mit einem Glückwunsch und lobenden Worten reagiert. Insgesamt kann man feststellen, dass das interaktive Rätsel gut funktioniert und auch von Schüler*innen einer 5. Klasse bearbeitet werden kann.

Möglicher Einsatz

Interaktive Rätsel können sowohl als Unterrichtseinstieg als auch zur Ergebnissicherung oder Wiederholung eingesetzt werden.
Um jedem*jeder Lernenden die Möglichkeit zu geben, die interaktiven Rätsel individuell zu bearbeiten, ist es sinnvoll, wenn genügend elektronische Endgeräte zur Verfügung stehen. Die Klasse kann also entweder in den Computerraum gehen oder, falls vorhanden, an Tablets arbeiten. In jedem Fall bereitet die Lehrkraft das Rätsel mit dem KI-Tool vor, indem sie den Prompt auf den einzelnen Geräten bei ChatGPT eingibt. Alternativ kann sie den Prompt vorgeben und diesen von den Schüler*innen selbst eingeben lassen.
Sollte es keinerlei Möglichkeit geben, die Schüler*innen in Einzel- oder Partner*innenarbeit an mehreren Endgeräten parallel arbeiten zu lassen, kann die Lehrkraft das interaktive Rätsel mit ChatGPT an die Wand projizieren oder über das digitale Whiteboard präsentieren. Hierbei wäre es möglich, das interaktive Rätsel als Quizshow aufzubauen und einzelne Schüler*innen oder Kleingruppen nach vorne kommen zu lassen, um gegen die KI anzutreten. Die übrigen Schüler*innen fungieren dabei als Publikum und können durch die Verwendung von Jokern hinzugezogen werden, wenn die Teilnehmenden der Quizshow Hilfe benötigen.
In jedem Fall bietet es sich an, die Rätselfragen anschließend im Plenum zu besprechen und eventuelle Fragen zu klären. Sollte ChatGPT einen Fehler gemacht und z. B. eine falsche Antwort als korrekte behandelt haben oder umgekehrt, so muss auch dieser Aspekt reflektiert werden.

Textadventures erstellen

Szenario

Textadventures sind Abenteuergeschichten, die von den Lesenden mitgestaltet werden können. Als Computerspielgenre lehnen sich Textadventures an die sogenannten Spielbücher an, die eine ähnliche Interaktivität mit der Geschichte anbieten. Digitale Textadventures haben gegenüber den interaktiven Spielbüchern den Vorteil, dass es mehr Möglichkeiten in der Entwicklung gibt, sodass die Spielenden die Geschichte möglichst individuell mitgestalten können. Dort, wo ein Spielbuch eine begrenzte Anzahl an Seiten hat und dementsprechend eine begrenzte Anzahl an Auswahlmöglichkeiten, können Textadventures eine Bandbreite an Szenarien aufzeigen.
In regelmäßigen Abständen werden die Spielenden vor die Wahl gestellt, wie der*die Protagonist*in sich entscheiden soll. Je nach Entscheidung wird man zu einem anderen Textabschnitt geführt, am Ende dessen die Spielenden wiederum eine weitere Entscheidung treffen müssen. In Spielbüchern ist es häufig der Fall, dass eine Entscheidung als falsch bewertet werden kann und man daraufhin aufgefordert wird, wieder zurück zur Ausgangsseite zu gehen und die Entscheidung zu überdenken.
In der Jugendliteratur, insbesondere im Bereich Fantasy, gibt es ein vielfältiges Angebot an Spielbüchern. Auch der Computerspielmarkt bietet viele Textadventures an. Für den Kontext Schule ist es jedoch sinnvoll, auf Textadventures zurückzugreifen, die Lerninhalte thematisieren, sodass die Schüler*innen diese üben können. Aufgrund der Vielfalt an Lerninhalten, die in den verschiedenen Fächern abgedeckt werden müssen, ist es erforderlich, dass die Lehrkraft die Textadventures selbst erstellt. Hierfür wird nicht nur ein entsprechendes Wissen benötigt, sondern es bedarf auch einer intensiven Aufarbeitung der verschiedenen Themen. Obwohl dies sehr viel Zeit erfordert, überwiegen die zahlreichen Vorteile dieser Methode. Die Lernenden können individuell ihren Lernfortschritt überprüfen, während die Motivation dadurch erhöht wird, dass sie die Handlung nach ihrem persönlichen Empfinden mitgestalten können.
Eine effiziente Alternative zur eigenständigen Erstellung eines Textadventures ist die Verwendung von ChatGPT. Der KI kann der Auftrag erteilt werden, als textbasiertes Videospiel zu fungieren und verschiedene Inhalte abzufragen. Die Lehrkraft kann ihrer Klasse so interaktive Lerngeschichten zur Verfügung stellen, ohne viel Zeit investieren zu müssen.

Beispiel

In einer 5. Klasse möchte die Lehrkraft im Fach Naturwissenschaft und Technik die Lerninhalte der vergangenen Unterrichtseinheit abfragen. Das Thema dieser Unterrichtseinheit war „Luft und Wasser". Als Methode soll hierfür ein Textadventure zum Einsatz kommen. Die Lehrkraft bereitet die Endgeräte für ihre Klasse vor.
Sie gibt folgenden Prompt bei ChatGPT ein:

Du bist ein textbasiertes Videospiel. Du stellst mir in jeder Runde vier Optionen (A, B, C und D) zur Auswahl.

Das Setting ist eine Magierschule, in der jede*r Schüler*in ein eigenes magisches Tier hat.

Textadventures erstellen

Füge Rätsel, Logikspiele oder andere Herausforderungen zum Thema „Luft und Wasser“ hinzu, die der*die Spielende lösen muss, um weiterzukommen. Die Rätsel sollen die Naturwissenschaften abdecken und für die 5. Klasse angemessen sein. Die Rätsel sollen das Denken, die Kreativität und die Entdeckungsfähigkeiten der Spielenden testen.

Baue Dialoge zwischen dem*der Spielenden und den Charakteren des Spiels ein. Dadurch kannst du Informationen enthüllen, Hinweise geben und die Handlung vorantreiben. Die Entscheidungen des*der Spielers*Spielerin können den Verlauf der Dialoge und den weiteren Fortschritt beeinflussen.

Folgende Fachbegriffe gehören zum Thema:
Aggregatzustand, Experiment, Gas, Kohlenstoffdioxid, Protokoll, Sauerstoff, Stickstoff, Teilchenmodell, Verdunstung, fest, flüssig, gasförmig, gefrieren, kondensieren, resublimieren, schmelzen, schwimmen, sinken, steigen, sublimieren, verdampfen, verdrängen

Thema wird aufgegriffen

sehr direkter Einstieg, Einleitung fehlt

ChatGPT

Spieler: Du betrittst einen Raum in der Magierschule, in dem sich ein altes Buch auf einem Podest befindet. Auf dem Buchcover steht: "Die Geheimnisse von Luft und Wasser". Du spürst eine magische Aura um das Buch herum und bist neugierig, was es enthält.

interessant, passt zum Setting

A) Das Buch öffnen und den Inhalt lesen.

B) Das Buch vorsichtig untersuchen, ohne es zu öffnen.

C) Den Raum genauer untersuchen, um mögliche Fallen zu entdecken.

D) Das Buch ignorieren und den Raum verlassen.

Auswahlmöglichkeiten sind hervorgehoben: gut

Welche Option wählst du?

You

b

falsche Antwort auf die gewählte Option

ChatGPT

Als du den Raum genauer untersuchst, entdeckst du eine seltsame Inschrift auf dem Boden, die in einer alten, vergessenen Sprache geschrieben ist. Du erkennst einige der Wörter: "Luft", "Wasser" und "Macht". Es scheint, als wäre dies ein Hinweis auf die Bedeutung des Buches.

weiterer Themenbezug

A) Versuchen, die Inschrift zu übersetzen.

B) Eine Zeichnung oder ein Bild von der Inschrift machen, um später Hilfe bei der Übersetzung zu suchen.

C) Die Inschrift ignorieren und weiter im Raum suchen.

D) Den Raum verlassen und in einem anderen Teil der Schule nach Hinweisen suchen.

Was wählst du?

You

a

Screenshot von: chatgpt.com

Es folgen zwei weitere Fragen, bevor die erste Frage mit Bezug zum gewünschten Themengebiet gestellt wird:

ChatGPT

Du beginnst, das erste Rätsel im Buch zu lösen. Es ist ein Diagramm, das die verschiedenen Aggregatzustände von Wasser darstellt und einige Fragen dazu enthält.

Die erste Frage lautet: "Welcher Aggregatzustand von Wasser liegt vor, wenn Wasser zu Eis gefriert?"

A) Fest

B) Flüssig

C) Gasförmig

D) Keine der oben genannten Optionen

Welche Option wählst du?

erste themenbezogene Frage

keine gute Auswahlmöglichkeit, besser wäre z. B.: „erst fest, dann flüssig"

Screenshot von: chatgpt.com

Bewertung des Ergebnisses

Das Prinzip eines Textadventures wurde von der KI verstanden. Die KI orientiert sich am vorgegebenen Setting der Magierschule und bietet vier Auswahlmöglichkeiten an. Die ersten vier Fragen beziehen sich lediglich auf das Setting, erst die darauffolgende Frage bietet einen Bezug zum Thema „Luft und Wasser". Dadurch entsteht eine lange Phase, in der die Schüler*innen eher in das Genre Textadventure eingeführt werden statt in die Thematik, die aber gleichzeitig viel Raum für individuelle Entscheidungen und Kreativität lässt.
Die Rätsel sind interessant und kreativ aufgebaut. Das Thema „Luft und Wasser" wird auch in der Einführungsphase bereits einige Male erwähnt und kreativ eingebunden. Auch die Erklärung, dass die Inschrift ein wichtiger Hinweis sein könnte, passt sehr gut zum Genre. Die Auswahlmöglichkeiten sind im Allgemeinen sehr gut gewählt. Auch die Auswahlmöglichkeiten mit naturwissenschaftlichem Bezug sind geeignet, wobei hier die vierte Option durch eine weniger offensichtlich falsche Möglichkeit ersetzt werden könnte.
Negativ anzumerken ist, dass ChatGPT nicht korrekt auf die erste Antwort reagiert. Im Beispiel wurde Option B gewählt, die KI liefert jedoch einen Text, in dem der Raum genauer untersucht wird, was Option C entspricht. Dies unterbricht zwar den Spielfluss nicht, könnte aber eine enttäuschende Wirkung auf den*die Spielende*n haben, da die eigene Antwort nicht berücksichtigt wird.
Zusammenfassend ist diese Methode nicht nur besonders interessant für die Lernenden, sondern auch gut geeignet, um fachliche Inhalte auf kreative Art und Weise abzufragen.

Textadventures erstellen

Möglicher Einsatz

Nachdem die Lehrkraft die Endgeräte für ihre Klasse vorbereitet hat, können die Schüler*innen das Textadventure einzeln, in Partner*innen- oder in Gruppenarbeit absolvieren. Wenn genügend Endgeräte zur Verfügung stehen, ist es am sinnvollsten, die Lernenden in Einzelarbeit arbeiten zu lassen, sodass sie das Textadventure ganz individuell durchspielen können. Dadurch, dass die Schüler*innen die Handlungen individuell beeinflussen und die KI unterschiedliche Folgetexte und Antworten generiert, bietet es sich an, dass die Schüler*innen die gestellten Fragen und ihre eigenen Antworten dokumentieren, um diese im Anschluss präsentieren zu können. Im Plenum können dann einerseits die Antworten reflektiert werden, andererseits kann die Klasse darüber sprechen, wie die KI agiert.

Sollte in dem jeweiligen Unterricht lediglich ein Gerät zur Verfügung stehen, besteht die Möglichkeit, dass die Lehrkraft den Prompt auf diesem Gerät bei ChatGPT eingibt und den Chatverlauf projiziert, sodass die Klasse als Gruppe das Textadventure spielen kann. Nun kann entweder jede*r Schüler*in nacheinander eine Frage beantworten bzw. bestimmen, wie es weitergehen soll, oder die Gruppe muss durch vorgebrachte Argumente im Plenum entscheiden, was passieren soll. Die Lehrkraft fungiert hierbei als Moderator*in, indem sie die Gespräche anleitet und die abschließende Antwort bei ChatGPT eingibt.

In beiden Fällen ist zu beachten, dass die Lehrkraft bei der Durchführung des Textadventures keinen Einfluss auf die gegebenen Antworten der KI hat. Das bedeutet, dass sie nicht intervenieren kann, wenn die KI beispielsweise eine falsche Antwort gibt und die individuelle Antwort des*der Schülers*Schülerin nicht berücksichtigt wird. Deshalb kann es sinnvoll sein, mit der Klasse zu besprechen, dass künstliche Intelligenzen nicht fehlerfrei arbeiten und dass die Antworten von KI-Tools stets reflektiert werden sollten.

Mögliche Weiterführung

Neben dem beschriebenen Einsatz als Wissensabfrage können die Textadventures auch der Förderung besonders leistungsstarker Lernender dienen. Sind die Lernenden frühzeitig mit etwaigen Arbeitsaufträgen fertig, können sie das Textadventure auf einem bereitgestellten Endgerät spielen. Ein solches Setting kann innerhalb bestimmter Lerngruppen dazu motivieren, in Arbeitsphasen rasch mit dem Erledigen der Aufgaben zu beginnen.

Erwartungshorizonte erstellen

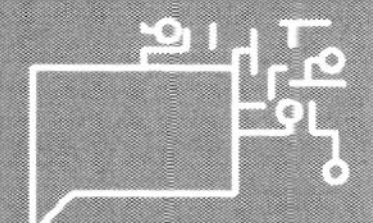

Szenario

Zu jeder Prüfung, die eine Lehrkraft mit ihren Schüler*innen durchführt, muss sie vorab einen Erwartungshorizont erstellen. Besonders in der Oberstufe werden neben schriftlichen Prüfungen zunehmend auch mündliche Prüfungen abgehalten. Der organisatorische und inhaltliche Aufwand hierbei ist mit schriftlichen Prüfungen nicht zu vergleichen. So können mündliche Prüfungsfragen nur in einem begrenzten Umfang mehrfach eingesetzt werden. Neben neuen Themen und Fragen muss für jede neue Prüfung ein entsprechender Erwartungshorizont erstellt werden. Die im Erwartungshorizont enthaltenen Lösungen sollten idealerweise skizzenhaft vorliegen, das heißt nicht vollständig ausformuliert sein, sodass Antworten im Prüfungsgespräch, die nur in Teilen oder Ansätzen korrekt sind, angemessen bewertet werden können. Die Lösungsskizzen müssen daher möglichst alle Lösungsansätze berücksichtigen. Darüber hinaus muss ein Erwartungshorizont übersichtlich gestaltet werden, um das Zurechtfinden während der Prüfung zu gewährleisten und damit die Lehrkraft währenddessen schnell passende Notizen anfertigen kann. Dieser vielschichtige Arbeitsprozess ist zumeist sehr zeitintensiv. Jedes Hilfsmittel, das Arbeitsschritte beschleunigt, verkürzt oder automatisiert, ist eine willkommene Hilfe. So kann ChatGPT genutzt werden, um das Erstellen eines Erwartungshorizonts zu beschleunigen.

Beispiel

In einem Biologiekurs der gymnasialen Oberstufe steht eine Präsentation mit anschließendem Fachgespräch an. Um das Fachgespräch zu planen und eine möglichst transparente Bewertung zu gewährleisten, ist es notwendig, im Vorfeld einen Erwartungshorizont zu erstellen. Die Fragestellung hierfür ist bereits bekannt. Um einen übersichtlichen Erwartungshorizont zu erhalten, soll dieser in Form einer Tabelle ausgegeben werden.
Die Lehrkraft gibt folgenden Prompt bei ChatGPT ein:

Erstelle einen tabellarischen Erwartungshorizont für die nachfolgende Aufgabenstellung.

Es handelt sich um eine mündliche Prüfung im Fach Biologie an einer gymnasialen Oberstufe. Der Erwartungshorizont soll der Bewertung des Prüflings dienen und die Lösung in Form einer Lösungsskizze grob umreißen.

Die Fragestellung lautet:
Stelle am Beispiel des Wolfs dar, wie große Säugetiere durch ihre Rolle als Schlüsselarten die Biodiversität und die Ökosystemfunktionen beeinflussen und welche ökologischen Auswirkungen ihr Verschwinden hat. Entwickle aus deiner Darstellung Konsequenzen für den Artenschutz.

Erwartungshorizonte erstellen

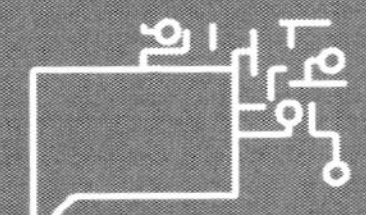

Erwartungshorizont ≠ Bewertungskriterien

Tabellarischer Erwartungshorizont für die Aufgabenstellung:

Bewertungskriterien	Punkte
Darstellung des Wolfs als Schlüsselart	4
Erklärung der Rolle des Wolfs bei der Beeinflussung der Biodiversität	4
Erklärung der Rolle des Wolfs bei der Beeinflussung der Ökosystemfunktionen	4
Beschreibung der ökologischen Auswirkungen des Wolfsverschwindens	4
Ableitung von Konsequenzen für den Artenschutz	4
Gesamtpunktzahl	20

Punkteeinteilung zur Orientierung

Lösungsskizze: → eigentliche Lösungsskizze nicht in Tabellenform

I. Einführung in den Wolf als Schlüsselart ← unschöne Formulierung

- Definition einer Schlüsselart
- Hinweis auf die Bedeutung großer Säugetiere als Schlüsselarten

II. Rolle des Wolfs bei der Beeinflussung der Biodiversität

falscher Artikel

- Erklärung der Beutegreiferrolle des Wolfs
- Hinweis auf das Regulation der Beutetierpopulationen
- Aufzeigen der Auswirkungen auf die Artenvielfalt

III. Rolle des Wolfs bei der Beeinflussung der Ökosystemfunktionen

- Erklärung der ökologischen Verbindungen des Wolfs
- Hinweis auf den Einfluss auf die Nahrungsnetze und Trophieebenen
- Betonung der Rolle des Wolfs bei der Aufrechterhaltung des Gleichgewichts

wie gewünscht skizzenhaft, teilweise zu kurz

IV. Ökologische Auswirkungen des Wolfsverschwindens

Hinweis auf Konsequenzen wäre sinnvoll

- Beschreibung des Populationsrückgangs des Wolfs
- Darstellung der Auswirkungen auf Beutetierpopulationen
- Betonung der Störung der ökologischen Prozesse

V. Konsequenzen für den Artenschutz

- Ableitung der Notwendigkeit des Schutzes des Wolfs
- Hinweis auf die Bedeutung der Erhaltung von Schlüsselarten
- Aufzeigen von Maßnahmen zum Schutz und zur Wiederansiedlung des Wolfs

Untergliederung in Teilaspekte

Hinweis: Die Punktevergabe kann je nach Umfang und Qualität der Antworten variieren. Dieser Erwartungshorizont dient als grobe Richtlinie für die Bewertung des Prüflings.

Screenshot von: chatgpt.com

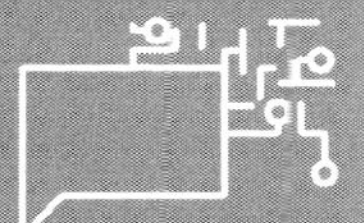

Bewertung des Ergebnisses

Bei der Umsetzung dieser Idee wurde deutlich, dass ChatGPT nicht immer klar zwischen Erwartungshorizont und Bewertungskriterien unterscheidet. Durch die Anweisung im Prompt, auch eine Lösungsskizze anzufertigen, liefert die KI dennoch inhaltlich das gewünschte Ergebnis. Jedoch kann die KI nur in Teilen die gewünschte Darstellungsform ausgeben: Die einzelnen Themen werden zwar in tabellarischer Form aufgelistet, die eigentliche Lösungsskizze folgt aber in Stichpunkten darunter.
Das Ergebnis kann dennoch als gelungen bezeichnet werden. Die Fragestellung wird in ihre Teilaspekte untergliedert und mit passenden Lösungsskizzen versehen. Der Erwartungshorizont wurde zwar wie gewünscht skizzenhaft erstellt, teilweise fallen die Lösungen aber sehr knapp aus. Hier kann nach Bedarf nachgesteuert werden. Des Weiteren fällt auf, dass bei Punkt IV die ökologischen Auswirkungen des Wolfsverschwindens unvollständig sind. Es werden nicht nur vereinzelte Prozesse gestört, sondern ganze Netzwerke von Wechselbeziehungen unterbrochen. Beispielsweise hätte ergänzt werden können, warum sich das Verschwinden negativ auf die Biodiversität auswirkt. Die in der Tabelle vorgegebenen Punkte sollten lediglich als Orientierung dienen.
Abschließend ist zu beachten, dass der Erwartungshorizont lediglich inhaltliche Aspekte beinhaltet. Kriterien wie die Verwendung von Fachsprache oder andere Fähigkeiten werden nicht berücksichtigt. Um den Erwartungshorizont in diese Richtung zu erweitern, muss der Prompt dahingehend spezifiziert werden.

Möglicher Einsatz

Die Lehrkraft kopiert die von ChatGPT erstellte Tabelle und die darunterstehende Lösungsskizze und fügt beide Teile in ein Textverarbeitungsprogramm ein. Um eine gewisse Übersichtlichkeit zu gewährleisten, fügt sie die jeweiligen Passagen aus der Lösungsskizze in die entsprechenden Felder der Tabelle ein. So entsteht eine vollständige tabellarische Übersicht für den Erwartungshorizont.
Nun hat die Lehrkraft die Möglichkeit, den Inhalt des generierten Erwartungshorizonts anzupassen, zu ergänzen und zu konkretisieren. Hierbei ist besonders darauf zu achten, dass der Erwartungshorizont von ChatGPT lediglich die inhaltlichen Aspekte berücksichtigt. Neben den inhaltlichen Aspekten sollte beispielsweise auch die Fachsprache und die Fähigkeit für Transferleistungen bei der Bewertung berücksichtigt werden. Darüber hinaus sollte die Lehrkraft die vorgegebene Bepunktung überprüfen und ggf. korrigieren. Auch bietet es sich an, eine weitere Spalte in der Tabelle einzufügen, um in der Prüfungssituation die Möglichkeit zu haben, Notizen zu machen.
Nun kann die Lehrkraft ihre überarbeitete Version des Erwartungshorizonts verwenden und mit in das Fachgespräch bringen.

Feedback formulieren

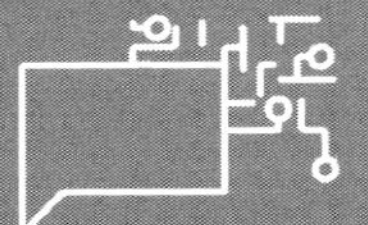

Szenario

Ein regelmäßiges und individuelles Feedback ist unentbehrlich für effektives Lernen. Während Noten für mündliche Beteiligung und schriftliche Prüfungen oder Kreuze in einem Kompetenzraster eine einfache Form des Feedbacks darstellen, sind individuelle schriftliche Rückmeldungen für die Lernenden weitaus zielführender und zeigen den größten positiven Effekt auf den individuellen Lernfortschritt. Für die Lehrkraft ist dies allerdings zeitlich sehr aufwendig, da sie in den meisten Fällen mehrere Klassen in mehreren Fächern unterrichtet. Außerdem erfordert es regelmäßige und umfassende Notizen über die Leistungen jedes*jeder einzelnen Schülers*Schülerin. Die Lernenden bekommen so dementsprechend keine unmittelbare Rückmeldung, während die Lehrkraft mit dem Ausformulieren ihrer Notizen beschäftigt ist.
KI-Tools können hier behilflich sein, um den Arbeitsaufwand zu reduzieren und trotzdem Feedback zu Inhalt und Stil eines Textes zu geben. Mithilfe des KI-Tools fobizz können die Schüler*innen sich beispielsweise selbst ein individuelles Feedback einholen, ohne dass die Lehrkraft Notizen anfertigen und viel Zeit in die Ausformulierung investieren muss.

Beispiel

Die Schüler*innen einer 12. Klasse bekommen im Biologieunterricht die Aufgabe, einen Informationstext zum Thema „Der Mensch als biotischer Faktor für Feldhasen" zu verfassen. Die benötigten Informationen dürfen sie dem Schulbuch entnehmen oder zusätzlich im Internet recherchieren. Der Text soll ca. 200 Wörter umfassen, wichtige Fachbegriffe enthalten und eine geeignete Struktur aufweisen.
Die Klasse bekommt die Aufgabe, ein Feedback für ihre geschriebenen Texte von der KI einzuholen. Hierfür stellt die Lehrkraft den Schüler*innen einen Link zum KI-Tool fobizz bereit.
Außerdem gibt sie den Schüler*innen folgenden Prompt zur Eingabe vor:

> Du bist eine Lehrkraft für das Fach Biologie einer 12. Klasse am Gymnasium und gibst mir Feedback zu meinen Texten.
>
> Wir hatten die Aufgabe, einen Text zum Thema „Der Mensch als biotischer Faktor für Feldhasen" zu verfassen.
>
> Schreibe mir ein Feedback zu dem Text und mache Verbesserungsvorschläge in tabellarischer Form. Führe auch eine Begründung für die jeweiligen Verbesserungsvorschläge an.
>
> [Text einfügen]

Feedback formulieren

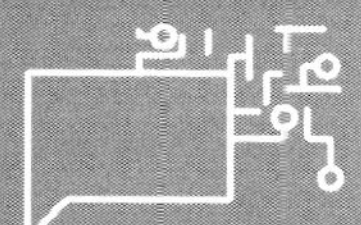

Feedback zum Text "Der Mensch als biotischer Faktor für den Feldhasen":

- Der Text beschreibt gut, wie menschliche Aktivitäten den Lebensraum der Feldhasen beeinflussen.
- Es wird deutlich gemacht, dass die Intensivierung der Landwirtschaft zu einem Verlust des Lebensraums führt.
- Die Verwendung von schwerem Gerät und Pestiziden wird als schädlich für die natürlichen Lebensbedingungen der Feldhasen dargestellt.
- Die Bedrohung durch die Jagd auf Feldhasen wird erwähnt, insbesondere die hohe Jagddichte und der Einsatz illegaler Fangmethoden.
- Es wird darauf hingewiesen, dass diese Faktoren dazu führen können, dass sich die Feldhasenpopulation nicht ausreichend erholen kann und gefährdet ist.

Verbesserungsvorschläge: ← wie gefordert in tabellarischer Form

Verbesserung	Begründung
Der Text könnte genauer erläutern, wie genau die Intensivierung der Landwirtschaft den Lebensraum der Feldhasen beeinflusst.	Dadurch würde der Zusammenhang zwischen menschlichen Aktivitäten und dem Verlust des Lebensraums deutlicher werden.
Es wäre hilfreich, Beispiele für die Verwendung von schwerem Gerät und Pestiziden zu nennen.	Dadurch könnte der Leser sich besser vorstellen, wie diese Faktoren die natürlichen Lebensbedingungen der Feldhasen zerstören.
Der Text könnte erklären, warum eine hohe Jagddichte und der Einsatz illegaler Fangmethoden die Erholung der Feldhasenpopulation beeinträchtigen.	Dadurch würde der Leser verstehen, wie genau diese Faktoren die Population gefährden.
Es wäre sinnvoll, mögliche Lösungsansätze zu erwähnen, um den Einfluss des Menschen auf die Feldhasenpopulation zu reduzieren.	Dadurch würde der Text einen positiven Ausblick bieten und zeigen, dass es Möglichkeiten gibt, die Situation zu verbessern.

Ich hoffe, das Feedback und die Verbesserungsvorschläge helfen dir bei der Überarbeitung deines Textes. Wenn du weitere Fragen hast, stehe ich gerne zur Verfügung.

inhaltlich orientiertes Feedback

Feedback auf inhaltlicher Ebene

sinnvolles Feedback

sinnvolle Begründungen

Screenshot von: tools.fobizz.com

Bewertung des Ergebnisses

Die KI generiert zu Beginn ihrer Antwort ein sehr inhaltlich orientiertes Feedback. Sie listet die im Text des*der Lernenden vorkommenden Fakten auf und fasst diese zusammen.
Es wird zwar erwähnt, dass der Text etwas gut beschreibt bzw. dass deutlich gemacht wird, dass die Intensivierung der Landwirtschaft zu einem Verlust des Lebensraums der Feldhasen führt, jedoch bleiben weitere Kommentare zu Schreibstil oder Korrektheit der Inhalte aus.
Anschließend folgen wie gewünscht die Verbesserungsvorschläge sowie die Begründungen dafür in tabellarischer Form. Die angegebenen Vorschläge sind allesamt gut gewählt und hilfreich. Durch die Begründung wird dem*der Lernenden verdeutlicht, warum die entsprechende Änderung am Text bzw. die empfohlene Ergänzung sinnvoll wäre. So wird nach genaueren Erläuterungen, Beispielen und Lösungsansätzen verlangt, die den Text des*der Schülers*Schülerin bereichern würden. Durch die Auflistung in der Tabelle erhält der*die Lernende ein übersichtliches Feedback, das inhaltlich korrekt sowie kritisch, aber nicht negativ ist.
Es werden keine konkreten Änderungen vorgegeben, was jedoch nicht als negativ aufgefasst werden kann, da die Schüler*innen so gezwungen sind, sich nochmals mit ihrem Text

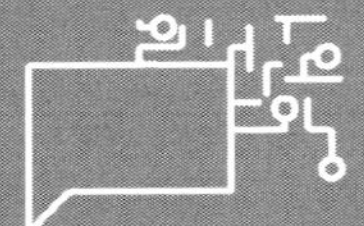

auseinanderzusetzen. Sie können die Korrekturen nicht einfach übernehmen, sondern müssen die Verbesserungsvorschläge bewerten und ggf. eigenständig in ihren Text einbauen. Dadurch steigert sich der Lerneffekt erheblich.

Möglicher Einsatz

Die Schüler*innen geben ihren Text bei fobizz ein und lassen sich ein individuelles Feedback generieren. Hierfür können sie entweder eigene Endgeräte verwenden oder ein allgemeines, in der Klasse zugängliches Endgerät, an dem sie nacheinander ihre Texte eingeben können. Im ersten Fall wäre es möglich, die Texte direkt digital zu verfassen, im zweiten Fall müssen die Texte zunächst händisch geschrieben und dann abgetippt werden, was mehr Zeit erfordert.
Die Schüler*innen nutzen das individuelle Feedback, um ihren Text zu überarbeiten. Um die Bearbeitung anschließend reflektieren zu können, werden die Lernenden angehalten, den Feedbackprozess zu dokumentieren. Nach dieser Phase werden einige der Texte im Plenum besprochen. Hierbei werden die jeweiligen Feedbackprozesse thematisiert und kritisch betrachtet, um den Mehrwert dieser Art von Feedback zu bestimmen.

Multiple-Choice-Fragen generieren lassen

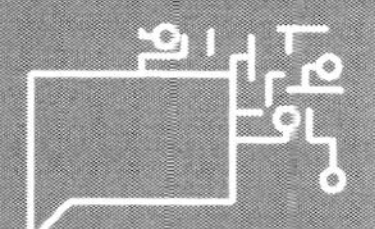

Szenario

Die regelmäßige Leistungsüberprüfung bzw. Lernstandskontrolle gehört zu den wiederkehrenden Aufgaben von Lehrkräften. Je regelmäßiger solche Kontrollen erfolgen, desto transparenter wird der individuelle Leistungsstand der Lernenden. Zugleich ist die Lernstandskontrolle auch ein Feedbackinstrument. Multiple-Choice-Fragen haben hierbei den Vorteil, dass sie sehr schnell und sogar automatisiert kontrolliert werden können. Außerdem kann in kurzer Zeit ein relativ breites Themenspektrum abgedeckt werden. Multiple-Choice-Tests können unabhängig von Fach und Thema gezielt Fakten abfragen. Der Einsatz ist einfach und bietet viele Vorteile, jedoch ist die Formulierung von Multiple-Choice-Fragen komplex. Einerseits bedarf es viel Vorbereitung seitens der Lehrkraft, andererseits kann es schwierig werden, sinnvolle Antwortmöglichkeiten zu finden, da diese nicht offensichtlich falsch sein sollten. Zudem ist es aufwendig, immer wieder neue Tests zu erstellen.
KI-Tools können die Lehrkraft dabei unterstützen, sowohl passende Fragen als auch Antwortmöglichkeiten zu erstellen.

Beispiel

Mehrere Lernende einer 10. Klasse einer Gesamtschule streben das Abitur an. Die bereits absolvierten Prüfungen für den Mittleren Schulabschluss geben den Lernenden einen guten Überblick über ihren aktuellen Leistungsstand in den Hauptfächern. Bei dem Übergang in die Oberstufe gewinnen einzelne Nebenfächer für die Lernenden jedoch enorm an Bedeutung.
Um den Lernenden einen Überblick über die relevanten Inhalte zu verschaffen und zu überprüfen, inwiefern die Inhalte der letzten Jahre noch präsent sind, wird in jedem Nebenfach ein Multiple-Choice-Test konzipiert. Auch im Fach Chemie soll ein solcher Test Aufschluss darüber geben, für welche Themengebiete Förderbedarf besteht. Die Lehrkraft orientiert sich für die Erstellung des Tests am Lehrplan.
Die Lehrkraft gibt folgenden Prompt bei ChatGPT ein:

Du bist eine Chemielehrkraft. Hilf mir dabei, gute Multiple-Choice-Fragen zu erstellen.

Die Fragen sind für einen Chemiekurs der 10. Klasse. Es handelt sich um eine Gesamtschule. Es sollen Multiple-Choice-Fragen gestellt werden, die das Wissen der letzten Schuljahre überprüfen.

Ich gebe dir eine Liste von Unterthemen. Jedes Thema soll abgeschlossen voneinander behandelt werden.

Du generierst zu jedem Thema fünf Multiple-Choice-Fragen mit jeweils vier Antwortmöglichkeiten. Die Antwortmöglichkeiten sollten so konzipiert sein, dass die richtige Antwort nicht offensichtlich ist.

[Themen einfügen]

Multiple-Choice-Fragen generieren lassen

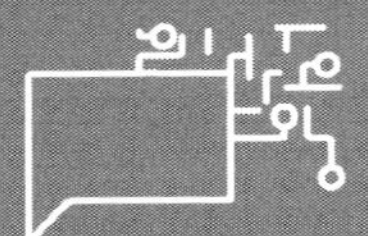

Exemplarisch werden hier die Ergebnisse zum Thema „Redoxreaktion“ präsentiert.

Themengebiet wird genannt: übersichtlich

Redoxreaktion:

1. Welche Aussage trifft auf eine Redoxreaktion zu?
   a) Es findet nur eine Säure/Base-Reaktion statt.
   b) Es findet ein Austausch von Elektronen statt.
   c) Es findet eine Polymerisation statt.
   d) Es findet keine Reaktion statt.

Keine Antwortmöglichkeit ist offensichtlich falsch.
→ wie gefordert

2. Welcher Stoff wird in einer Redoxreaktion reduziert?
   a) Der Stoff, der Elektronen aufnimmt.
   b) Der Stoff, der Elektronen abgibt.
   c) Beide Stoffe werden gleichzeitig reduziert.
   d) Keiner der Stoffe wird reduziert.
3. Welche Verbindung ist ein Reduktionsmittel?
   a) HCl
   b) H2O → Formeln werden nicht korrekt dargestellt
   c) Na
   d) O2
4. Was ist die Oxidationszahl von Sauerstoff in den meisten Verbindungen?
   a) -1
   b) 0
   c) +1
   d) -2

richtige Antwort wird nicht kenntlich gemacht

5. Was passiert bei einer Oxidation?
   a) Es findet ein Elektron

wie gefordert fünf Fragen

KI bricht ab

Du hast abgebrochen

KI nimmt Antwort wieder auf

Entschuldigung für den abgebrochenen Text. Hier geht es weiter:

5. Was passiert bei einer Oxidation?
   a) Es findet ein Elektronenverlust statt.
   b) Es findet ein Elektronengewinn statt.
   c) Es findet eine Ionisation statt.
   d) Es findet eine Reaktion mit Sauerstoff statt.

Screenshot von: chatgpt.com

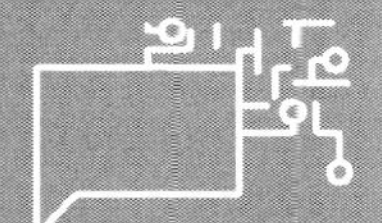

Bewertung des Ergebnisses

Die KI ist nicht in der Lage, solch lange Antworten am Stück zu geben, weshalb diese zwischendurch unterbrochen werden. Um die vollständige Antwort zu erhalten, ist es ausreichend, ChatGPT hierauf hinzuweisen, woraufhin die KI die Arbeit wieder aufnimmt und die Antwort vervollständigt. Des Weiteren kann ChatGPT in der Version 3.5 die chemischen Formeln nicht korrekt formatieren, was manuell nachgearbeitet werden müsste. Neuere Versionen stellen chemische Formeln in der Regel korrekt dar.
Die Ausgabe der Fragen ist übersichtlich, die geforderten Teilaspekte werden explizit aufgelistet, sodass die Schüler*innen sie den entsprechenden Themen zuordnen können. Die ausgegebenen Multiple-Choice-Fragen erscheinen zweckdienlich und sollten von aufmerksamen Lernenden korrekt zu beantworten sein. Die Antwortmöglichkeiten sind durchgehend gut gewählt und erscheinen alle plausibel. Anzumerken ist, dass die korrekte Antwort nicht kenntlich gemacht wird, d. h. es gibt keine Lösungen zu den einzelnen Fragen. Hierfür müsste der Prompt entweder ergänzt werden oder aber man ermittelt die korrekten Antworten manuell.

Möglicher Einsatz

Die Lehrkraft kopiert die Fragen und Antwortmöglichkeiten von ChatGPT und fügt diese in ein Textverarbeitungsprogramm ein. Dort kann sie die Formatierung anpassen und die Fragen ggf. umformulieren, um Verständnisproblemen vorzubeugen. Sinnvoll wäre es, wenn die Lehrkraft zusätzlich Kästchen vor oder hinter den Antwortmöglichkeiten einfügt, damit die Schüler*innen die jeweilige Antwort ankreuzen können.
Die Lehrkraft stellt die Multiple-Choice-Fragen der Klasse dann als Ausdruck zur Verfügung. Diese können entweder zu Beginn einer Unterrichtsstunde als Wiederholung der letzten Stunde, als Festigung am Ende des Unterrichts oder aber als Sicherung am Ende einer Unterrichtsreihe beantwortet werden.
Die Überprüfung der Antworten kann entweder durch die Lehrkraft oder durch die Schüler*innen selbst erfolgen. Für den zweiten Fall ist es notwendig, dass die Lehrkraft ein Lösungsblatt vorbereitet, auf dem verzeichnet ist, welche Antworten korrekt sind. Dieses kann im Klassenraum ausgelegt und von den Lernenden gesichtet werden, um die angekreuzten Antworten zu kontrollieren.

Bildungssprache fördern

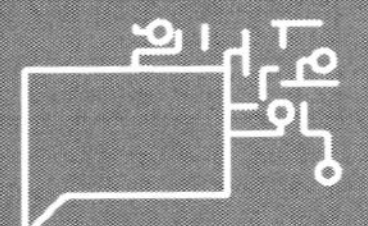

Szenario

Zu den Aufgaben der Schule gehört es, den Erwerb der Bildungssprache zu fördern. Die Planung des Unterrichts muss somit darauf ausgerichtet sein, die Schüler*innen bei diesem Prozess adäquat zu begleiten. Das Erlernen von Bildungssprache und die erfolgreiche Integration dieser in den üblichen Sprachgebrauch in der Schule bedarf Zeit und Übung. Dies erfolgt einerseits im Unterrichtsgespräch – sowohl zwischen Lehrkraft und Schüler*in als auch zwischen Mitschüler*innen –, andererseits aber auch anhand von schriftlichen Texten, die von der Lehrkraft auch stilistisch korrigiert werden. Durch die Rückmeldung, die die Lehrkraft gibt, können Lernende ihre bildungssprachlichen Kompetenzen aufbauen und weiterentwickeln.
Während die Lehrkraft im Unterricht unmittelbar mündliches Feedback geben kann, bedarf es einiger Zeit, schriftliche Texte vollumfänglich zu korrigieren. Darüber hinaus ist es meist notwendig, die Feedbackpunkte zu verschriftlichen, sodass die Schüler*innen diese verinnerlichen können. Je nach Klassengröße, nach Umfang der Texte und nach Anzahl der Klassen kann dies schnell zu viel für die Lehrkraft werden.
Um diese Kluft zwischen Anspruch und Machbarkeit zu überbrücken, können KI-Tools die Lehrkraft unterstützen, den Unterricht sprachsensibler zu gestalten und die Bildungssprache der Schüler*innen zu fördern.

Beispiel

Um den progressiven Aufbau von Bildungssprache zu fördern, wird im Deutschunterricht einer 9. Klasse das Konzept „Wort des Tages" eingeführt. Hierbei lernen die Schüler*innen täglich bzw. in jeder Deutschstunde ein neues Wort, das sie anschließend in einen kurzen Text integrieren sollen, um es in einen passenden Kontext einzubetten. Dadurch erweitern die Lernenden nicht nur ihren Wortschatz, sondern auch ihre Schreibkompetenz.
Um sich ein individuelles Feedback zu ihrem kurzen Text einzuholen, verwenden die Lernenden das KI-Tool peer-ai-tutor. Hier können die Schüler*innen den Titel ihres Aufsatzes, den Aufsatztyp, die Schulart, die Klassenstufe und das Bundesland, in dem sie zur Schule gehen, eingeben. Anschließend geben sie ihren erstellten Text ein oder laden einen Screenshot hoch.
Die Lehrkraft gibt z. B. folgenden Arbeitsauftrag vor:

> **Wort des Tages: Definition**
>
> Recherchiere die Bedeutung, Definition und mögliche Synonyme. Um die Verwendung im Kontext zu üben, verfasst du einen kurzen Text, in dem das Wort korrekt verwendet wird. Schreibe klar und prägnant. Dein Text soll zwischen 50 und 150 Wörter enthalten.

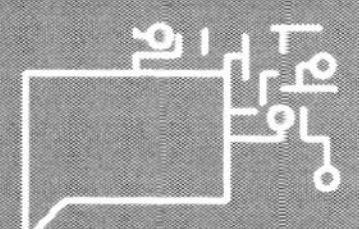

Es wurde der folgende Text bei peer-ai-tutor eingegeben:

> Was versteh man unter einer Definition? Eine Definition ist ein kurzer Text, der ein Wort klar umreist. Er beschreibt nicht nur die Bedeutung sondern auch den Kontext in dem ein Wort verwendet wird. Dieser von mir geschriebene Text ist der Versuch das Wort Definition zu definieren.

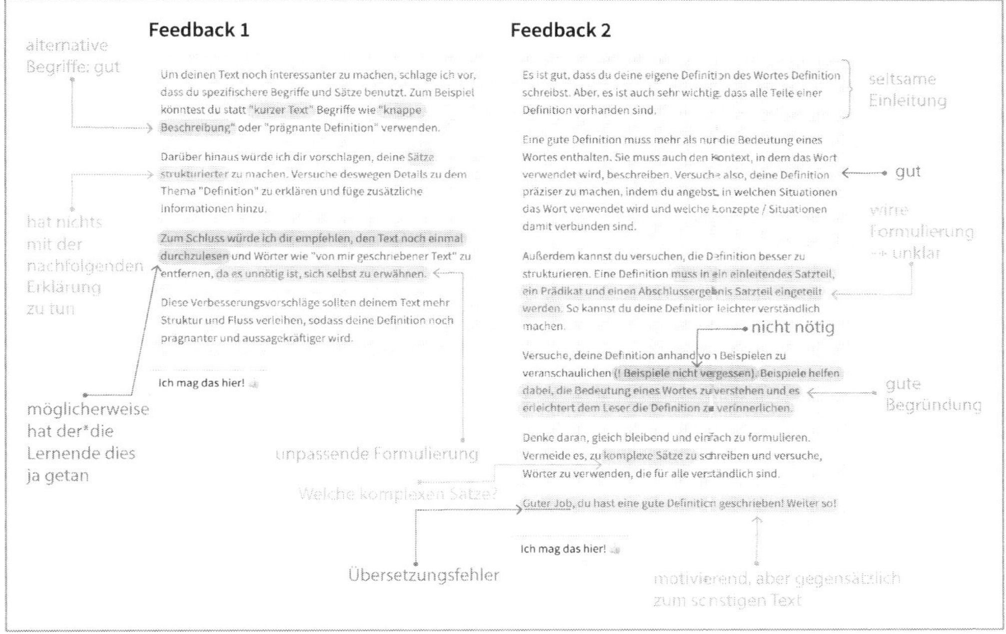

Feedback 1

Um deinen Text noch interessanter zu machen, schlage ich vor, dass du spezifischere Begriffe und Sätze benutzt. Zum Beispiel könntest du statt "kurzer Text" Begriffe wie "knappe Beschreibung" oder "prägnante Definition" verwenden.

Darüber hinaus würde ich dir vorschlagen, deine Sätze strukturierter zu machen. Versuche deswegen Details zu dem Thema "Definition" zu erklären und füge zusätzliche informationen hinzu.

Zum Schluss würde ich dir empfehlen, den Text noch einmal durchzulesen und Wörter wie "von mir geschriebener Text" zu entfernen, da es unnötig ist, sich selbst zu erwähnen.

Diese Verbesserungsvorschläge sollten deinem Text mehr Struktur und Fluss verleihen, sodass deine Definition noch prägnanter und aussagekräftiger wird.

Ich mag das hier!

Feedback 2

Es ist gut, dass du deine eigene Definition des Wortes Definition schreibst. Aber, es ist auch sehr wichtig, dass alle Teile einer Definition vorhanden sind.

Eine gute Definition muss mehr als nur die Bedeutung eines Wortes enthalten. Sie muss auch den Kontext, in dem das Wort verwendet wird, beschreiben. Versuche also, deine Definition präziser zu machen, indem du angebst, in welchen Situationen das Wort verwendet wird und welche Konzepte / Situationen damit verbunden sind.

Außerdem kannst du versuchen, die Definition besser zu strukturieren. Eine Definition muss in ein einleitendes Satzteil, ein Prädikat und einen Abschlussergebnis Satzteil eingeteilt werden. So kannst du deine Definition leichter verständlich machen.

Versuche, deine Definition anhand von Beispielen zu veranschaulichen (! Beispiele nicht vergessen). Beispiele helfen dabei, die Bedeutung eines Wortes zu verstehen und es erleichtert dem Leser die Definition zu verinnerlichen.

Denke daran, gleich bleibend und einfach zu formulieren. Vermeide es, zu komplexe Sätze zu schreiben und versuche, Wörter zu verwenden, die für alle verständlich sind.

Guter Job, du hast eine gute Definition geschrieben! Weiter so!

Ich mag das hier!

Screenshot von: peer-ai-tutor.streamlit.app

Bewertung des Ergebnisses

Das Feedback fällt insbesondere im zweiten Fall ausführlich aus und orientiert sich an dem eingegebenen Text. Konkrete Verbesserungsvorschläge werden nicht generiert, beim ersten Feedback werden lediglich einmal Alternativen zu einer Formulierung angeführt. Daher ist der*die Lernende aufgefordert, das Feedback zu nutzen und selbstständig den Text zu verbessern. Ebenso wenig werden orthografische Fehler korrigiert. Die Ratschläge wirken bisweilen etwas schablonenhaft, dennoch sind sie wertvoll, da sie eine Anleitung geben, wie das Schreiben verbessert werden kann. Die Art, wie die Feedbacks formuliert wurden, kann jedoch nicht als positiv bewertet werden. Häufig ist die Wortwahl unpassend für ein Feedback oder aber es bleibt unklar, was mit der Rückmeldung gemeint ist. Auffällig ist, wie unterschiedlich die beiden Feedbacks sind. Während das zweite Feedback auf die Form einer Definition eingeht, nimmt das erste Feedback mehr Bezug zur allgemeinen Form der eingereichten Definition. Aufgrund der oben aufgeführten Aspekte bleibt es notwendig, die durch die KI generierten Feedbacks zu überprüfen und zu bearbeiten.

Bildungssprache fördern

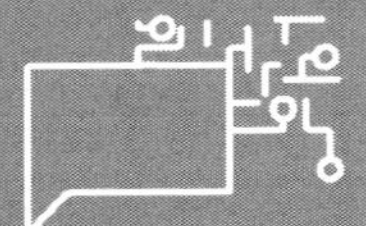

Möglicher Einsatz

Die Lehrkraft stellt der Klasse ausreichend Endgeräte und den Link zum KI-Tool zur Verfügung. Die Schüler*innen geben ihre Texte nach Fertigstellung bei peer-ai-tutor ein und lassen sich ein individuelles Feedback geben. Die Schüler*innen lesen die beiden Rückmeldungen und überarbeiten daraufhin ihre Texte. Den Lernenden wird hierbei freigestellt, wie oft sie Feedback von der KI einfordern, es bleibt aber weiterhin das Ziel, dass die Schüler*innen ihre bildungssprachlichen Kompetenzen weiterentwickeln.
Um das „Wort des Tages" auch nachhaltig zu festigen, ist es sinnvoll, dass die Lernenden eine Wortliste mit den neu erlernten Wörtern anlegen. Der auf Grundlage des Feedbacks der KI überarbeitete Text kann hier ebenfalls aufgenommen werden, um das Wort kontextuell einbetten zu können.

Ideen finden

Szenario

Am Anfang eines Planungsprozesses steht die Ideenfindung. Eine bekannte Methode, die sowohl Lehrkräfte als auch Schüler*innen häufig nutzen, ist z. B. die Brainstorming-Methode, um erste Ideen für Texte, Diskussionen oder Projekte zu entwickeln und um die Problemlösung oder innovative Prozesse anzustoßen. Brainstorming ist ein Prozess, an dem eine oder mehrere Personen beteiligt sind. Im schulischen Kontext können beispielsweise Ideen für Projekttage oder Gestaltungsvorhaben im Schulgarten genauso durch Brainstorming angegangen werden wie die Entwicklung von Unterrichtsvorhaben im Jahrgangsteam oder die Etablierung von Classroom-Management-Methoden. Auch Argumente für oder gegen ein Vorhaben können so gesammelt werden. Im Rahmen des Unterrichts können Schüler*innen auf die Brainstorming-Methode zurückgreifen, um erste Ideen zu einem bestimmten Thema zu sammeln.
Im Zeitalter von KI kann das Finden und Entwickeln von Ideen im Rahmen eines Brainstormings von KI-Tools unterstützt werden. Dies spart nicht nur Zeit, sondern kann auch zu neuen Gedanken führen, auf die man selbst nicht gekommen wäre. Diese Ideen können einen ersten Überblick zu einem Thema darstellen oder eigene, bereits vorhandene Ideen ergänzen.

Beispiel

Eine Lehrkraft möchte sich auf die kommende Lehrer*innenkonferenz vorbereiten, bei der das Thema „Handyverbot" diskutiert wird. Die Lehrkraft vertritt die Meinung, dass Schüler*innen die Erlaubnis haben sollten, ihr Smartphone auf dem Schulgelände, also während der Schulzeit, unter Beachtung bestimmter Regeln zu nutzen. Ihr Ziel ist es, ihre Kolleg*innen davon zu überzeugen, sich gegen ein Handyverbot zu entscheiden.
Die Lehrkraft hat einige Ideen, wie sie ihre Kolleg*innen von ihrer Meinung überzeugen kann. Dennoch lässt sie sich im Vorfeld zusätzlich Argumente für die Nutzung des Smartphones auf dem Schulgelände von ChatGPT generieren. Um auch auf mögliche Gegenargumente gut reagieren zu können, lässt sie auch solche durch die KI formulieren.
Sie gibt folgenden Prompt bei ChatGPT ein:

> Du unterstützt mich bei der Vorbereitung auf eine Diskussion zum Thema „Handyverbot" an meiner Schule. Ich möchte, dass die Handynutzung für Schüler*innen erlaubt wird. Erstelle eine Liste mit fünf Argumenten für die Handynutzung durch Schüler*innen auf dem Schulgelände während der Schulzeit. Erstelle zudem fünf Gegenargumente.
>
> Ich bin Lehrkraft an einer Realschule. Die Handynutzung soll Schüler*innen der 5. bis 10. Klasse betreffen.
>
> Inkludiere pädagogische, didaktische, technologische und gesellschaftliche Aspekte. Verwende ggf. auch Beispiele zur Illustration.

Ideen finden

Gib die Argumente stichpunktartig in einer Tabelle aus. Erläutere sie jeweils kurz. Liste in der linken Spalte die Argumente für eine Nutzung und in der rechten Spalte die Gegenargumente auf.

Argumente für Handynutzung durch Schüler*innen auf dem Schulgelände während der Schulzeit: ← Einleitung ist nicht korrekt

Argumente für	Gegenargumente
1. Erleichterung der Organisation	1. Ablenkung vom Unterricht
Durch die Nutzung von Handys können Schüler*innen ihren Stundenplan und ihre Hausaufgaben besser organisieren. So können sie z.B. den Stundenplan digital einsehen oder Erinnerungen für anstehende Aufgaben einstellen.	Handys können Schüler*innen vom Unterricht ablenken, wenn sie während des Unterrichts Textnachrichten schreiben oder in sozialen Medien surfen.
2. Sicherheit im Notfall	2. Missbrauch durch Mobbing und Cyber-Mobbing
Handys ermöglichen es Schüler*innen, im Notfall schnell Hilfe zu rufen. Sie können z.B. bei Unfällen oder Verletzungen die Rettungsdienste alarmieren oder im Falle von Bedrohungen schnell eine Vertrauensperson kontaktieren.	Handys können von Schüler*innen missbraucht werden, um andere zu mobben oder Cyber-Mobbing zu betreiben.
3. Möglichkeit zur Kommunikation	3. Störung der zwischenmenschlichen Interaktion
Handys ermöglichen Schüler*innen eine einfache und schnelle Kommunikation untereinander und mit ihren Eltern oder Lehrer*innen*. So können z.B. Termine abgesprochen oder Fragen gestellt werden.	Die Verwendung von Handys kann die zwischenmenschliche Interaktion beeinträchtigen, da Schüler*innen sich möglicherweise mehr auf ihre Geräte als auf ihre Mitschüler*innen konzentrieren.
4. Integration moderner Technologie	4. Mögliche Überforderung der Schüler*innen
Die Verwendung von Handys im Unterricht kann Schüler*innen helfen, moderne Technologie besser zu verstehen und zu nutzen.	Die Verwendung von Handys kann zu einer Überforderung der Schüler*innen führen, insbesondere bei jüngeren Schüler*innen, die möglicherweise noch nicht über ausreichende Medienkompetenz verfügen.
5. Förderung der individuellen Lernprozesse	5. Ungleichheit durch soziale Unterschiede
Handys können Schüler*innen ermöglichen, individueller zu lernen und auf ihre eigenen Bedürfnisse und Interessen abgestimmte Inhalte zu recherchieren oder zu bearbeiten.	Die Verwendung von Handys kann zu sozialen Unterschieden führen, da nicht alle Schüler*innen über ein eigenes Gerät verfügen und sich dadurch benachteiligt fühlen können.

Diese Argumente sollen lediglich als Anhaltspunkt dienen und stellen keine vollständige Darstellung des Themas dar. Es ist wichtig, beide Seiten sorgfältig zu prüfen und eine ausgewogene Entscheidung zu treffen, die den pädagogischen Bedürfnissen der Schüler*innen und den Lehrziele Regenerate response

Anmerkungen:

- sehr guter Punkt (→ 2. Sicherheit im Notfall)
- nicht ausreichend ausführlich, Mobbing und Cyber-Mobbing stehen nicht ausschließlich im Kontext mit der Handynutzung während der Schulzeit (→ 2. Missbrauch durch Mobbing und Cyber-Mobbing)
- während der Schulzeit nicht relevant Außerdem: Kommunikation zwischen Lehrkräften und Schüler*innen über private Geräte muss kritisch hinterfragt werden (→ 3. Möglichkeit zur Kommunikation)
- kursive Formatierung wird nicht benötigt (→ 3. und 4. Gegenargument)
- besser: „… soziale Ungleichheit aufdecken …“ (→ 5. Gegenargument)

Screenshot von: chatgpt.com

Bewertung des Ergebnisses

ChatGPT formuliert nachvollziehbare Pro- und Kontraargumente. Diese werden zunächst stichpunktartig aufgelistet und anschließend erläutert. Die Erklärung ist teilweise zu kurz, weshalb hierbei Nachbearbeitungsbedarf seitens der Lehrkraft besteht. Dies ist beispielsweise bei Punkt 2 der Gegenargumente (Missbrauch durch Mobbing und Cyber-Mobbing) der Fall, da die Erklärung nicht speziell auf die Handynutzung während der Schulzeit bezogen werden kann. An dieser Stelle wäre der Zusatz erforderlich, dass Smartphones missbraucht werden können, um z. B. Bilder oder Videos von Mitschüler*innen aufzunehmen, um diese anschließend online zu teilen oder an andere Personen zu versenden. Dies ist durchaus ein Argument gegen die Nutzung von Smartphones während der Schulzeit, müsste jedoch entsprechend ausformuliert werden. Hierzu kann die Lehrkraft entweder die KI bitten, die Erläuterung detaillierter auszuführen, oder aber sie ergänzt diese eigenständig.
Auch eine kritische Auseinandersetzung mit den einzelnen Punkten ist erforderlich, z. B. bei Punkt 3 der Proargumente (Möglichkeit zur Kommunikation), da man es genauer hinterfragen sollte, ob Lehrkräfte und Schüler*innen über ihre Privatgeräte miteinander kommunizieren sollten oder möchten.
Die KI liefert größtenteils nachvollziehbare Argumente, allerdings werden auch wichtige Argumente, die in der Diskussion nicht fehlen dürfen, ausgeklammert. Ein Proargument wäre z. B. der Bezug zur Lebenswelt der Schüler*innen. Ein weiteres Kontraargument wäre die erhöhte Bildschirmzeit durch eine zusätzliche Nutzung des Geräts während der Schulzeit. Insbesondere dieses Argument sollte in einer Diskussion nicht missachtet werden, da die Zeit, die Kinder und Jugendliche mit ihrem Smartphone verbringen, häufig kritisch thematisiert wird.
Zusammenfassend liefert ChatGPT eine hilfreiche Auflistung als Diskussionsgrundlage. Empfehlenswert wäre jedoch, die generierten Argumente entweder zu ergänzen oder die KI um mehr als fünf Argumente pro Standpunkt zu bitten, um eine ausführlichere Übersicht zu erhalten.

Möglicher Einsatz

ChatGPT liefert jeweils fünf Argumente für bzw. gegen die Nutzung von Smartphones während der Schulzeit. Diese können entweder als erster Überblick über das Themenfeld betrachtet oder als Ergänzung zu bereits bestehenden Argumenten verwendet werden. Im ersten Fall kann die Tabelle von ChatGPT als Fundament für eigene Notizen dienen. Im zweiten Fall können die Argumente, die in der eigenen Auflistung noch nicht vorhanden sind, kopiert und in das verwendete Textverarbeitungsprogramm übernommen bzw. handschriftlich in der eigenen Übersicht ergänzt werden. Hierbei wäre es sinnvoll, die Erklärungen von ChatGPT in Stichpunkte umzuformulieren, um gezielt und zügig in einer Diskussion argumentieren zu können.
Auch die Auseinandersetzung mit möglichen Gegenargumenten kann hilfreich sein, um sich auf ebensolche vorzubereiten. Hierzu können die durch die KI generierten Argumente gegen die Handynutzung während der Schulzeit entweder durchgelesen oder auch notiert werden. In jedem Fall bietet es sich an, Recherche zu betreiben, sollten einige Aspekte unklar oder nicht detailliert genug sein.

Mögliche Weiterführung

In einem nächsten Schritt kann die Lehrkraft das Programm auffordern, mögliche Reaktionen auf die Gegenargumente zu formulieren, die sie in ihrer Argumentation unterstützen würden.
Hierfür gibt die Lehrkraft folgenden Prompt bei ChatGPT ein:

Ergänze zu jedem Gegenargument eine mögliche Reaktion, die meinen Standpunkt unterstützt.

Als Antwort gibt die KI Reaktionsvorschläge für jedes Gegenargument aus:

› Schüler*innen können während des Unterrichts Handys ausschalten oder in einem speziellen Aufbewahrungsort im Klassenzimmer lassen, um Ablenkungen zu minimieren.
› Lehrkräfte können klare Regeln für die Handynutzung im Unterricht aufstellen und Schüler*innen ermutigen, sich an diese Regeln zu halten.
› Handys können in bestimmten Unterrichtseinheiten gezielt als Lernwerkzeug eingesetzt werden, um Ablenkungen zu minimieren.

erstellt mit: ChatGPT-3.5, chatgpt.com

Elternbriefe erstellen

Szenario

Neben der reinen Lehrtätigkeit haben die Anforderungen an Lehrkräfte in den letzten Jahren hinsichtlich der Erziehungsaufgaben und der Kommunikation mit den Erziehungsberechtigten stark zugenommen. Ganztagsschulen haben zur Folge, dass Kinder und Jugendliche mehr Zeit in der Schule und weniger in ihrem häuslichen Umfeld verbringen. Eine regelmäßige Kommunikation mit den Erziehungsberechtigten ist daher essenziell, um im Austausch zu bleiben und den Bedürfnissen des Kindes gerecht zu werden.
Im Rahmen der Vorbereitung eines Ausflugs der Klassengemeinschaft, einer abendlichen Schulveranstaltung oder anderer bevorstehender Aktivitäten gilt es, die Erziehungsberechtigten über die Rahmenbedingungen zu informieren. Hierfür bietet es sich an, Elternbriefe oder E-Mails zu formulieren. Im Schulalltag fehlt es jedoch oft an Zeit, um alle relevanten Informationen zusammenzutragen und adäquat aufzubereiten. Auch das Verfassen von Elternbriefen, die individuell auf eine*n Schüler*in zugeschnitten sein müssen, da sie die persönlichen Leistungen und Verhaltensweisen thematisieren, kann zeitaufwendig und überfordernd sein.
Sowohl allgemeine, die Klassengemeinschaft betreffende Elternbriefe als auch solche, die für die Erziehungsberechtigten einzelner Schüler*innen gedacht sind, können mithilfe von KI schnell und effizient formuliert werden. KI-Tools wie ChatGPT bieten die Möglichkeit, die notwendigen Informationen klar und verständlich zu verschriftlichen und gleichzeitig eine professionelle Sprache zu verwenden. Der Lehrkraft bleibt so mehr Zeit, sich auf ihre pädagogischen und didaktischen Aufgaben zu konzentrieren, während sie sicherstellen kann, dass die Kommunikation mit den Erziehungsberechtigten aufrechterhalten bleibt.

Beispiel

Die Leistungen und das Verhalten eines*einer Schülers*Schülerin haben sich innerhalb kurzer Zeit stark verschlechtert. In Absprache mit den Eltern dieses*dieser Schülers*Schülerin verfolgt die Lehrkraft einige Vorgehensweisen, die sich positiv auf die Leistungen und das Verhalten auswirken sollen. Um den Effekt der laufenden Interventionen transparent zu machen und die Eltern zu informieren und weiterhin in diesen Prozess zu integrieren, wurde vereinbart, dass die Eltern kurze wöchentliche Rückmeldungen erhalten.
Die Lehrkraft gibt folgenden Prompt bei ChatGPT ein:

Ich bin Lehrkraft eines*einer Schülers*Schülerin, dessen*deren Leistungen und Verhalten sich in letzter Zeit stark verschlechtert haben. Ich habe Vorgehensweisen getroffen, um interventiv mit diesem Problem umzugehen.

Schreibe einen Brief, in dem du die Eltern über die Fortschritte ihres Kindes informierst.

Gib Beispiele für Erfolge, die der*die Schüler*in in verschiedenen Bereichen erzielt hat, und dafür, wie stolz ich auf ihn*sie bin, und gib konstruktive Empfehlungen für Verbesserungen. Bitte die Eltern, auch zu Hause Unterstützung anzubieten, um das Kind weiter zu ermutigen. Der Brief sollte mit etwas Positivem schließen.

Elternbriefe erstellen

Erfolge: viel geduldiger als zuvor; im Mathematikunterricht wird aktiver mitgearbeitet, gerne noch mehr melden; Streitigkeiten werden häufiger vermieden

Baustellen: Unpünktlichkeit, besonders in den ersten Stunden; Sportsachen werden vergessen; unaufgefordertes Aufstehen / Umherlaufen

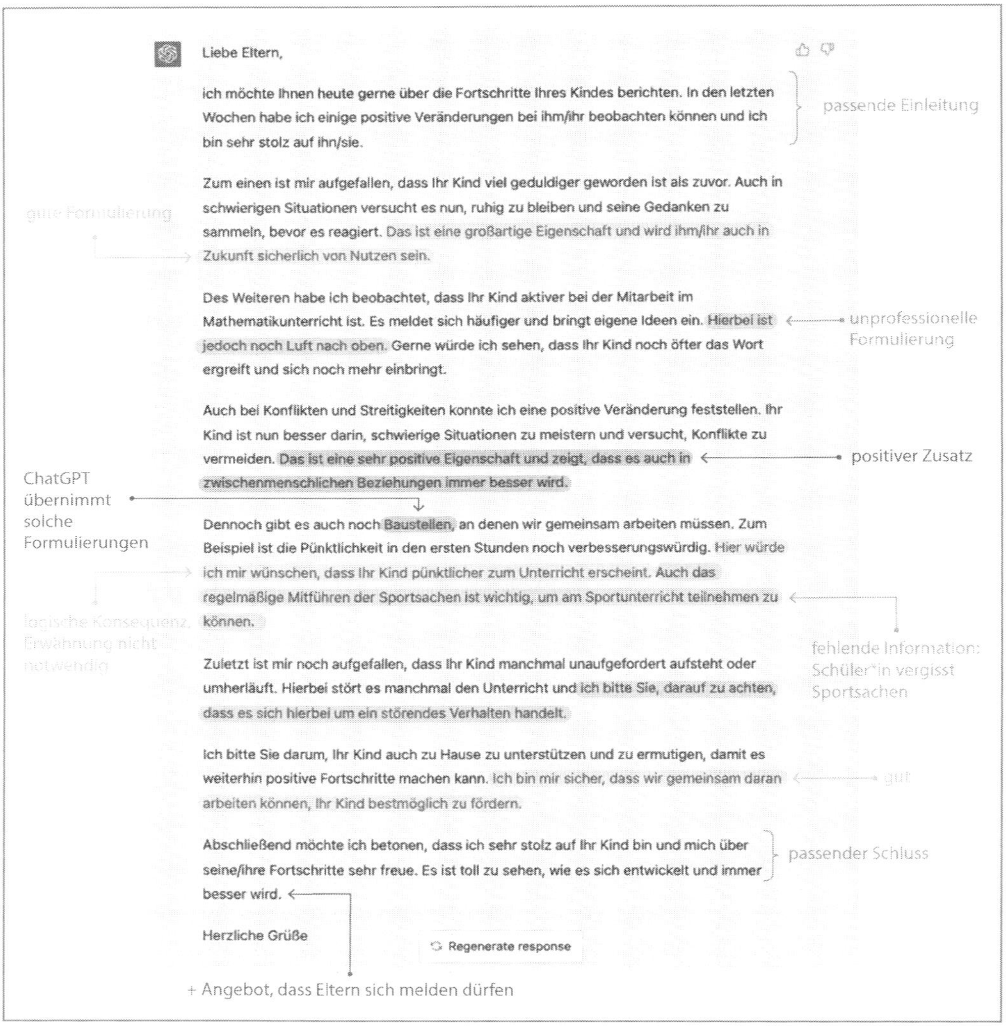

Liebe Eltern,

ich möchte Ihnen heute gerne über die Fortschritte Ihres Kindes berichten. In den letzten Wochen habe ich einige positive Veränderungen bei ihm/ihr beobachten können und bin sehr stolz auf ihn/sie.

passende Einleitung

Zum einen ist mir aufgefallen, dass Ihr Kind viel geduldiger geworden ist als zuvor. Auch in schwierigen Situationen versucht es nun, ruhig zu bleiben und seine Gedanken zu sammeln, bevor es reagiert. Das ist eine großartige Eigenschaft und wird ihm/ihr auch in Zukunft sicherlich von Nutzen sein.

gute Formulierung

Des Weiteren habe ich beobachtet, dass Ihr Kind aktiver bei der Mitarbeit im Mathematikunterricht ist. Es meldet sich häufiger und bringt eigene Ideen ein. Hierbei ist jedoch noch Luft nach oben. Gerne würde ich sehen, dass Ihr Kind noch öfter das Wort ergreift und sich noch mehr einbringt.

unprofessionelle Formulierung

Auch bei Konflikten und Streitigkeiten konnte ich eine positive Veränderung feststellen. Ihr Kind ist nun besser darin, schwierige Situationen zu meistern und versucht, Konflikte zu vermeiden. Das ist eine sehr positive Eigenschaft und zeigt, dass es auch in zwischenmenschlichen Beziehungen immer besser wird.

positiver Zusatz

ChatGPT übernimmt solche Formulierungen

Dennoch gibt es auch noch Baustellen, an denen wir gemeinsam arbeiten müssen. Zum Beispiel ist die Pünktlichkeit in den ersten Stunden noch verbesserungswürdig. Hier würde ich mir wünschen, dass Ihr Kind pünktlicher zum Unterricht erscheint. Auch das regelmäßige Mitführen der Sportsachen ist wichtig, um am Sportunterricht teilnehmen zu können.

logische Konsequenz, Erwähnung nicht notwendig

fehlende Information: Schüler*in vergisst Sportsachen

Zuletzt ist mir noch aufgefallen, dass Ihr Kind manchmal unaufgefordert aufsteht oder umherläuft. Hierbei stört es manchmal den Unterricht und ich bitte Sie, darauf zu achten, dass es sich hierbei um ein störendes Verhalten handelt.

Ich bitte Sie darum, Ihr Kind auch zu Hause zu unterstützen und zu ermutigen, damit es weiterhin positive Fortschritte machen kann. Ich bin mir sicher, dass wir gemeinsam daran arbeiten können, Ihr Kind bestmöglich zu fördern.

gut

Abschließend möchte ich betonen, dass ich sehr stolz auf Ihr Kind bin und mich über seine/ihre Fortschritte sehr freue. Es ist toll zu sehen, wie es sich entwickelt und immer besser wird.

passender Schluss

Herzliche Grüße

Regenerate response

+ Angebot, dass Eltern sich melden dürfen

Screenshot von: chatgpt.com

Bewertung des Ergebnisses

ChatGPT greift die vorgegebenen Aspekte in dem Elternbrief auf und generiert einen zusammenhängenden Text. Da das Geschlecht des*der Schülers*Schülerin im Prompt nicht festgelegt und kein Name genannt wird, formuliert auch die KI den Elternbrief allgemein und nicht individuell auf eine*n Schüler*in zugeschnitten. Hier gilt es, die entsprechenden Passagen bei der Bearbeitung durch den Namen des*der Schülers*Schülerin und die jeweiligen Pronomen zu ersetzen.
Die Einleitung ist passend formuliert und die KI ergänzt in der ersten Hälfte des Briefes die aufgegriffenen Aspekte durch adäquate Formulierungen. Ein solch passender Zusatz ist beispielsweise die Aussage, dass das Vermeiden von Konflikten eine positive Eigenschaft ist und den verbesserten Umgang in zwischenmenschlichen Beziehungen verdeutlicht. In der zweiten Hälfte des Briefes, in dem es um die negativen Punkte geht, sind die Formulierungen der KI jedoch eher unbefriedigend. Dass die Lehrkraft sich wünscht, dass der*die Schüler*in pünktlich zum Unterricht erscheint, ist eine logische Konsequenz daraus, dass die Pünktlichkeit in den ersten Stunden verbesserungswürdig ist. Der darauffolgende Satz, in dem die Wichtigkeit des Mitführens der Sportsachen unterstrichen wird, gibt nur teilweise Aufschluss darüber, dass dies bei dem*der betreffenden Schüler*in tatsächlich der Fall ist. Die Bitte, dass die Eltern darauf achten sollen, dass das Aufstehen und Umherlaufen während des Unterrichts ein störendes Verhalten darstellen, lässt offen, was das Resultat daraus sein soll. An dieser Stelle wäre es sinnvoll zu erwähnen, dass die Eltern mit ihrem Kind über dieses Problem sprechen und ihm den Hintergrund erklären sollen. Möglicherweise kann auch die Frage gestellt werden, ob den Eltern die Ursache dessen bekannt ist.
Der Schluss ist wie gewünscht positiv formuliert. Insbesondere die Aussage, dass die Lehrkraft mit den Eltern gemeinsam daran arbeitet, den*die Schüler*in bestmöglich zu fördern, sorgt für einen positiven Blick auf die Situation. Am Ende könnte noch das Angebot eingefügt werden, dass sich die Eltern bei Fragen oder Problemen bei der Lehrkraft melden können.

Möglicher Einsatz

Der Elternbrief von ChatGPT wird in ein Textverarbeitungsprogramm kopiert. Der Brief kann nun bearbeitet und individuell an die Gegebenheiten angepasst werden. So lassen sich z. B. die Namen des*der Schülers*Schülerin, der Eltern sowie der Lehrkraft einfügen. Darüber hinaus können unpassende Formulierungen geändert und unklare Aussagen erläutert und entsprechend ergänzt werden. Auch die Formalia eines Briefes (z. B. Briefkopf, Datum etc.) können in diesem Schritt eingefügt werden.

Texte übersetzen

Szenario

Im Schulalltag wird es immer wichtiger, dass schriftliche Kommunikation zwischen Lehrkraft und Eltern / Erziehungsberechtigten nicht auf Deutsch erfolgen kann, sondern in der jeweiligen Muttersprache der Eltern / Erziehungsberechtigten. Es kann immer wieder vorkommen, dass es aufgrund sprachlicher Hürden zu kommunikativen Problemen kommt, Informationen verloren gehen oder Missverständnisse auftreten. Dies kann für die Lehrkraft sehr herausfordernd sein, nicht zuletzt, weil in einer Klasse häufig viele verschiedene Sprachen vertreten sind, die die Lehrkraft höchstwahrscheinlich nicht alle spricht.

Die schriftliche Kommunikation ist trotz eventueller sprachlicher Hürden ein wichtiger Bestandteil der Informationsweitergabe von Schule an Eltern / Erziehungsberechtigte. Von grundlegenden Informationen auf der Schulhomepage über Schulbroschüren und Informationsflyern bis hin zu Newslettern für die ganze Schule sowie Elternbriefen an einzelne Klassen – in jedem Fall bietet es sich an, informative Schriftstücke in mehreren Sprachen zur Verfügung zu stellen. Aufgrund der Vielzahl an Sprachen wird dies jedoch kaum stemmbar sein. Um die Möglichkeit dennoch nicht ungenutzt zu lassen, bietet es sich an, auf KI-Übersetzungstools zurückzugreifen, um deutsche Texte auch in Sprachen zu übersetzen, die keine Lehrkraft an der Schule spricht.

Beispiel

Die Lehrkraft plant mit ihren Schüler*innen eine Klassenreise nach Sylt. Im Vorfeld möchte sie die Eltern / Erziehungsberechtigten über relevante Eckpunkte informieren. Hierzu erstellt sie im Vorfeld einen Elternbrief mit allen wichtigen Informationen. Da es in der Klasse Eltern / Erziehungsberechtigte gibt, deren Muttersprache nicht Deutsch ist, möchte die Lehrkraft ihnen Elternbriefe in der jeweiligen Muttersprache zur Verfügung stellen, um Missverständnissen vorzubeugen und den Eltern / Erziehungsberechtigten trotz der Sprachbarriere alle relevanten Informationen mitzugeben. Die Lehrkraft gibt den auf Deutsch formulierten Elternbrief bei DeepL Translator ein und lässt diesen in die jeweilige Sprache übersetzen.

Anmerkung: Um das Ergebnis von DeepL Translator adäquat bewerten zu können, wurde die KI beauftragt, den vorgegebenen Text ins Englische zu übersetzen. Das KI-Tool kann verwendet werden, um Texte auch in andere Sprachen zu übersetzen, jedoch sollte hierbei stets beachtet werden, dass die KI möglicherweise sprachliche Fehler macht. Auch in Bezug auf Interkulturalität muss berücksichtigt werden, dass es kulturelle Differenzen bei Formulierungen geben kann. Wenn es die Möglichkeit gibt, sollte ein Text in einer Sprache, die die Lehrkraft selbst nicht spricht, immer von einem*einer Muttersprachler*in überprüft werden, um sprachlichen Missverständnissen vorzubeugen.

Texte übersetzen

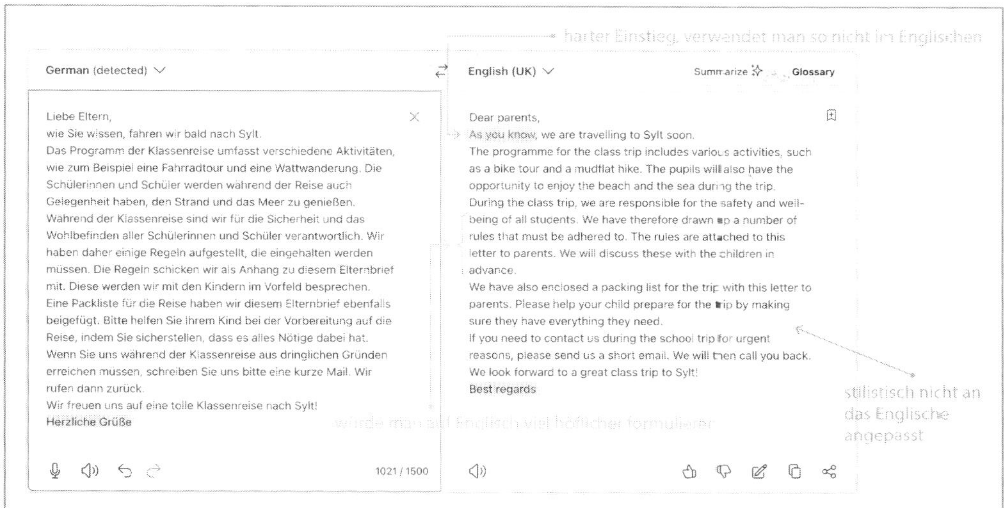

Screenshot von: deepl.com/translator

Bewertung des Ergebnisses

DeepL Translator übersetzt den deutschen Text fast 1-zu-1 ins Englische. Die inhaltlichen Aspekte werden vollständig genannt und der Text ist orthografisch und grammatikalisch weitgehend korrekt. Auffallend ist, dass der Stil sehr dem deutschen Text gleicht, was darauf schließen lässt, dass die KI zwar einen Text übersetzen kann, den Stil des ursprünglichen Textes jedoch beibehält. Dementsprechend gibt es einige Stellen, die stilistisch nicht der englischen Sprache entsprechen.
Da der ausgegebene englische Text alle relevanten Informationen enthält, kann davon ausgegangen werden, dass der DeepL Translator dieselbe Leistung auch für andere Sprachen erbringen kann. Zwar klingt der generierte Text nicht so, als wäre er von einem*einer Muttersprachler*in formuliert worden, jedoch sind keine großen Fehler enthalten und es werden keine Falschinformationen weitergegeben. Im Hinblick darauf, dass das Übersetzen des Textes das Ziel verfolgt, den Eltern / Erziehungsberechtigten mit einer anderen Muttersprache als Deutsch das Verständnis zu erleichtern, kann es also trotzdem hilfreich sein, einen vorgeschriebenen Elternbrief von der KI übersetzen zu lassen.

Möglicher Einsatz

Die Lehrkraft formuliert den Elternbrief auf Deutsch vor und gibt diesen bei DeepL Translator ein. Sie kopiert die generierte Übersetzung und fügt diese in ein Textverarbeitungsprogramm ein. Wenn es sich dabei um eine Sprache handelt, die der Lehrkraft geläufig ist, lohnt sich ein grober Blick auf den Text, um offensichtliche Fehler zu eliminieren. Da diese Methode aber hauptsächlich bei Sprachen sinnvoll ist, die die Lehrkraft selbst nicht spricht, ist dieser Schritt nicht erforderlich. Der Brief kann nun entweder ausgedruckt und verteilt bzw. verschickt oder digital an die Eltern / Erziehungsberechtigten versendet werden.

Texte übersetzen

Wenn die Lehrkraft sichergehen möchte, dass der Text in der Fremdsprache auch stilistisch passend ist und keine interkulturellen Schwierigkeiten verbirgt, gibt es die Möglichkeit, den*die Schüler*in mit der jeweiligen Fremdsprache in den Prozess einzubinden. Hierdurch zeigt die Lehrkraft einerseits Wertschätzung gegenüber der Muttersprache des*der Schülers*Schülerin, andererseits werden seine*ihre Sprachfähigkeiten anerkannt. Hierbei ist jedoch besonders wichtig, dass der*die Lernende es nicht als seine*ihre Aufgabe ansieht, Texte für die Eltern / Erziehungsberechtigten zu korrigieren. Es sollte stets als freiwillige Unterstützung betrachtet werden, die der*die Schüler*in jederzeit annehmen oder ablehnen kann.

Mit Texten interagieren

Szenario

Im Arbeitsalltag einer Lehrkraft kommt es immer wieder vor, dass man lange oder komplexe Texte lesen muss, um notwendige Informationen zu erhalten. Das können z. B. Bildungspläne oder Fachtexte zu einem Unterrichtsgegenstand sein. Das Lesen, Verstehen und Aufarbeiten von solch langen Texten ist meist zeitaufwendig und anstrengend. Auch das Suchen von bestimmten Textpassagen, in denen relevante Informationen enthalten sind, ist oft zeitraubend, da entweder der vollständige Text überflogen werden oder man sich per Suchfunktion durch das digitale Dokument hindurchklicken muss, bis man die gewünschte Stelle gefunden hat.
Das Tool ChatPDF kann dabei helfen, große Textmengen in kurzer Zeit zu rezipieren. Die KI übernimmt das Scannen des Textes und liefert auf Anfrage die gewünschte Passage. Dadurch spart sich die Lehrkraft Zeit und Mühe, den Text zu lesen oder zu überfliegen und die gesuchten Informationen eigenständig herauszufiltern.

Beispiel

Die Erziehungsberechtigten eines*einer Schülers*Schülerin schreiben eine E-Mail an die Lehrkraft und möchten wissen, ob Lernmittel selbst bezahlt werden müssen oder übernommen werden. Die Lehrkraft arbeitet an einer Schule in Hamburg und möchte somit im Hamburgischen Schulgesetz nach einer Antwort recherchieren. Um weder das vollständige Gesetz lesen noch anhand des Inhaltsverzeichnisses nach der passenden Textstelle suchen zu müssen, lädt sie das Hamburgische Schulgesetz als PDF herunter, um es anschließend bei ChatPDF hochzuladen.
Nach einer ersten Nachricht von der KI hat die Lehrkraft die Möglichkeit, mit der KI zu chatten, um gezielt Informationen auf ihre Fragen zu erhalten.
Sie gibt folgenden Prompt bei ChatPDF ein:

Müssen Eltern Lernmittel für ihre Kinder selbst bezahlen?

Die KI durchsucht nun das PDF nach der gesuchten Information und liefert die folgende Antwort:

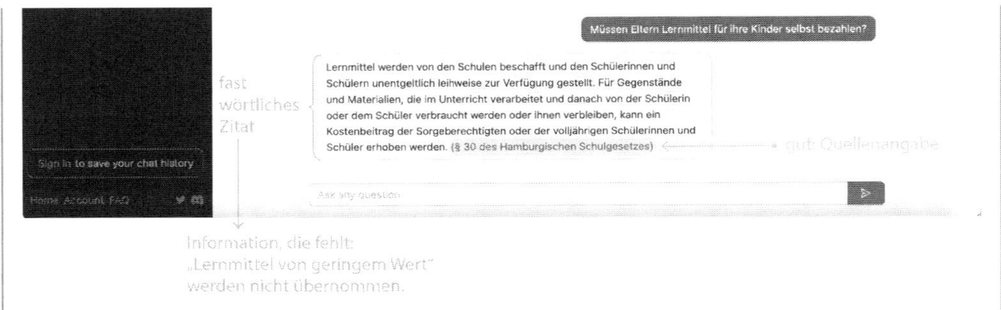

Screenshot von: chatpdf.com

Bewertung des Ergebnisses

Die KI bietet in ihrer ersten Nachricht eine kurze Einleitung zu dem hochgeladenen PDF und einige Beispielfragen. Die Frage, die die Lehrkraft stellt, wird ausreichend durch ChatPDF beantwortet. Die KI zitiert hierfür fast wörtlich die entsprechende Passage aus dem Hamburgischen Schulgesetz. Es handelt sich bei der Antwort also nicht um eine Zusammenfassung der Textstelle. Allerdings ist zu erwähnen, dass die KI in ihrer Antwort einen Satz nicht zitiert, weshalb die Information fehlt, dass „Lernmittel von geringem Wert" nicht von der Schule beschafft werden. Dementsprechend muss die Lehrkraft eigentlich die Antwort von ChatPDF mit dem Originaltext vergleichen, um sicherstellen zu können, dass die KI keine relevanten Informationen vorenthält. Dies würde jedoch nicht das Ziel erfüllen, durch die Nutzung dieses KI-Tools Zeit zu sparen.
Wenn die Lehrkraft eine andere Art von Text, also keinen Gesetzestext, auf ChatPDF hochlädt, wird sie im Gegensatz zu diesem Beispiel eine Zusammenfassung erhalten. Hierbei muss sie allerdings abwägen, ob diese eine ausreichend sichere Quelle darstellt oder sie die entsprechenden Textstellen sicherheitshalber nochmals gegenliest.
Positiv hervorzuheben ist, dass die Quelle angegeben wird, sodass die Lehrkraft weiß, wo die Textpassage zu finden ist. Zu beachten ist hierbei jedoch, dass dies auf die Struktur des vorgegebenen Textes zurückzuführen ist. Bei Fließtexten z.B. wird es nicht möglich sein, eine detaillierte Angabe zu machen, um welche Textstelle es sich genau handelt.

Möglicher Einsatz

Die Lehrkraft nutzt die Informationen von ChatPDF und formuliert darauf basierend eine Antwort an die Erziehungsberechtigten. Hierfür achtet sie auf die notwendigen Formalitäten und ergänzt diese durch eine Passage, in der sie die Informationen von ChatPDF zusammenfasst. Da die KI die Textpassage, in der die notwendigen Informationen zu finden sind, angibt, kann die Lehrkraft diese überprüfen und ihre Antwort entsprechend anpassen. Sie sollte jedoch darauf achten, dass sie die Antwort verständlich formuliert, um die Erziehungsberechtigten nicht mit der Sprachwahl eines Gesetzestextes zu überfordern.

Klassenreisen planen

Szenario

Das Planen einer Klassenreise kann viel Zeit und Mühe in Anspruch nehmen, insbesondere dann, wenn die Lehrkraft selbst das Reiseziel zuvor noch nie besucht hat und die dortige Umgebung nicht kennt und deshalb mögliche Aktivitäten umfassend recherchieren muss. Auch bei der Buchung der Klassenreise über einen Reiseveranstalter gilt es, die Zeitfenster zur freien Gestaltung ggf. mit Ideen für Aktivitäten zu füllen.
Die Aktivitäten, die die gesamte Klasse gemeinsam unternehmen kann oder denen Schüler*innen in Kleingruppen nachgehen können, sind sehr vielfältig. Je nach Größe des besuchten Ortes kann es eine Vielzahl an Möglichkeiten geben. Es gehört hierbei einerseits zu den Aufgaben der Lehrkraft, die infrage kommenden Unternehmungen übersichtlich zusammenzustellen, andererseits aber auch, Öffnungszeiten, Eintrittspreise, Adressen, Fahrtmöglichkeiten hin und zurück sowie mögliche Einschränkungen wie die maximale Gruppengröße zu recherchieren. Dies stellt nur einen Teil des Planungsprozesses dar, der allein dadurch sehr aufwendig ist.
Um diesen Prozess zu beschleunigen, Anregungen für Aktivitäten zu erhalten und zudem relevante Informationen einzuholen, kann es hilfreich sein, KI-Tools wie ChatGPT zu befragen.

Beispiel

Das Reiseziel der Abschlussfahrt einer 10. Klasse ist Berlin. Die begleitende Lehrkraft möchte die Klasse an der Planung teilhaben lassen und die Reise deshalb nicht über einen Reiseveranstalter buchen. Um eine Gesprächsgrundlage für die gemeinsame Planung mit den Schüler*innen zu haben, befragt die Lehrkraft im Vorhinein die KI.
Die Lehrkraft gibt folgenden Prompt bei ChatGPT ein:

Erstelle einen Plan mit möglichen Programmpunkten für eine Klassenreise.

Die Klassenreise dauert eine Woche (von Montag bis Freitag). Das Ziel ist Berlin. An der Reise nehmen 22 Schüler*innen einer 10. Klasse sowie zwei Lehrkräfte teil. Die Unterbringung erfolgt in einer Jugendherberge in Lichtenberg.

Die Ankunft in der Jugendherberge am Montag ist für 14 Uhr geplant. Die Abreise ist am Freitag um 10 Uhr. Am Dienstag, Mittwoch und Donnerstag soll jeweils eine Aktivität für den Vormittag und Nachmittag geplant werden, am Anreisetag nur am Nachmittag. Es sollen Aktivitäten für die ganze Klassengemeinschaft geplant werden. Darüber hinaus soll Zeit eingeplant werden, die den Schüler*innen in Kleingruppen zur freien Gestaltung zur Verfügung steht.

Gib den Plan stichpunktartig in einer Tabelle aus. Die Tabelle besteht aus vier Spalten: Tag, Zeit, Aktivität und Hinweise. In die Spalte mit den Hinweisen gehören z. B. die Adressen oder wichtige Informationen zu den Aktivitäten.

Klassenreisen planen

richtige Spaltenaufteilung

korrekt: keine Vormittagsplanung für Montag

keine richtige Aktivität

ChatGPT

Tag	Zeit	Aktivität	Hinweise
Mo	14:00-17:00	Ankunft, Einchecken	Jugendherberge Lichtenberg
Di	09:00-12:00	Besuch des Brandenburger Tors	Pariser Platz, 10117 Berlin
	14:00-17:00	Besuch des Computerspielemuseums	Karl-Marx-Allee 93a, 10243 Berlin
Mi	09:00-12:00	Besichtigung des Reichstagsgebäudes	Platz der Republik 1, 11011 Berlin
	14:00-17:00	Besuch des Naturkundemuseums	Invalidenstraße 43, 10115 Berlin
Do	09:00-12:00	Stadtführung durch das Regierungsviertel	Start am Brandenburger Tor
	14:00-17:00	Besuch des Mauermuseums am Checkpoint Charlie	Friedrichstraße 43-45, 10969 Berlin
Fr	10:00	Check-out, Abreise	Jugendherberge Lichtenberg

immer die gleichen Zeitfenster

Zusätzliche relevante Informationen gehören eigentlich in diese Spalte.

fehlende Zeitfenster für die Freizeitgestaltung

Hinweise:

- Die Jugendherberge Lichtenberg hat folgende Adresse: Normannenstraße 10, 10315 Berlin.
- Für den Besuch des Reichstagsgebäudes ist eine vorherige Anmeldung erforderlich.
- Bei der Stadtführung durch das Regierungsviertel sollten bequeme Schuhe getragen werden.
- Der Checkpoint Charlie war früher einer der bekanntesten Grenzübergänge zwischen Ost- und Westberlin und ist heute ein Museum.

Die ersten drei Stichpunkte sind Tipps für den Ausflug, der letzte Stichpunkt ist ein Fakt.

fiktive Adresse

Screenshot von: chatgpt.com

Bewertung des Ergebnisses

ChatGPT generiert eine Tabelle mit den vier gewünschten Spalten. Im Allgemeinen liefert die KI sinnvolle Vorschläge für Aktivitäten, die passend für eine 10. Klasse sind. Die Ideen sind stadtbezogen, historisch und politisch relevant und decken wichtige Sehenswürdigkeiten der Hauptstadt ab. Diese Ideen können eine gute Grundlage für das Gespräch zwischen Lehrkraft und Schüler*innen sein.

Es fällt auf, dass die Zeitfenster immer dieselben sind, die Vormittagsaktivität soll von 9:00 Uhr bis 12:00 Uhr und die Nachmittagsaktivität von 14:00 Uhr bis 17:00 Uhr stattfinden. Diese Zeitfenster können als Orientierung dienen, lassen sich aber möglicherweise nicht in jedem Fall so einhalten. Negativ zu bewerten ist die vorgeschlagene Unternehmung für Montagnachmittag, hier wird der Check-in mit drei Stunden eingeplant. Es wäre sinnvoll gewesen, eine kleine Aktivität für die Zeit nach der Ankunft einzuplanen. Außerdem wurde keine Zeit für die freie Gestaltung berücksichtigt, obwohl dies im Prompt vorgegeben wurde. Solche Zeitfenster müssten nachträglich ergänzt werden.

Die Adressen sind wie gefordert in der Spalte „Hinweise“ zu finden. Zusätzliche Informationen zu den Aktivitäten werden hier allerdings nicht aufgeführt, diese führt die KI

stattdessen einzeln unter der Tabelle auf. Die Hinweise sind zwar sinnvoll gewählt, jedoch ist die Adresse der Jugendherberge lediglich fiktiv.

Möglicher Einsatz

Die Lehrkraft kopiert die Tabelle und fügt diese in ein Textverarbeitungsprogramm ein. Die zusätzlichen Informationen unter der Tabelle kann sie in der Spalte „Hinweise" hinzufügen. Sie kann das Dokument nun entweder als digitale Datei oder als Ausdruck an ihre Schüler*innen verteilen. Die anschließende Aufgabe ist, den Planungsvorschlag in Partner*innenarbeit oder Kleingruppen zu diskutieren. Hierfür bietet es sich an, dass die Schüler*innen entweder das digitale Dokument kommentieren oder ihre Anmerkungen per Markierungen oder Post-its im Ausdruck kenntlich machen.

Mögliche Leitfragen sind:

- Wie viel Wegzeit muss jeweils eingeplant werden?
- An welchen Stellen sollen Zeitfenster für Freizeit eingeplant werden?
- Welche Programmpunkte sollen durch andere Unternehmungen ersetzt werden?
- Welche Programmpunkte fehlen in dem Planungsvorschlag?

Am Ende der Gruppenphase präsentieren und diskutieren die Schüler*innen ihre Ergebnisse und einigen sich in der Klassengemeinschaft gemeinsam mit der Lehrkraft auf einen Ablaufplan.